LES CARACTÈRES de la Tragédie. Manuscrit inédit attribué à LA BRUYÈRE.

PARIS
ACADÉMIE DES BIBLIOPHILES
M D CCC LXX

LES CARACTÈRES

DE

LA TRAGÉDIE

ACADÉMIE DES BIBLIOPHILES.

DÉCLARATION.

« Chaque ouvrage appartient à son auteur-éditeur. La
« Compagnie entend dégager sa responsabilité collective des
« publications de ses membres. »

(Extrait de l'article IV des Statuts.)

Tiré à trois cents exemplaires sur papier de Hollande,
dix sur Whatman et cinq sur papier de Chine.

N°

LES CARACTÈRES DE LA TRA-
GÉDIE, PUBLIÉ D'APRÈS
UN MANUSCRIT AT-
TRIBUÉ A LA
BRUYÈRE

Paris, Académie des Bibliophiles.
M.DCCC.LXX.

PRÉFACE

Jamais autant qu'aujourd'hui on n'a été avide de gloire, tout en ne faisant rien pour lui venir en aide, et jamais il n'y a eu une plus grande rareté de génies, et des circonstances qui les font naître. A défaut de talent on a imaginé des moyens, des expédients, qui y suppléent jusqu'à un certain point. On a remplacé la célébrité par le bruit. Les courtisans et les thuriféraires des grandes réputations ont fait le reste. Les sociétés d'admiration mutuelle ont déshérité Corneille et Racine, et le romantisme, à force d'adresse, de savoir-faire, de persistance, a usurpé l'attention publique. Les moyens de la Comédie et de la Tragédie employés simultanément ont produit des drames hybrides, écrits au mépris de toutes les règles et de tous les principes. On a regardé le goût comme un asservissement puéril à des lois qu'il fallait enfreindre.

Les chefs-d'œuvre assoupissaient la vivacité française, il fallait l'électriser par une nouveauté, par des élans téméraires, des hardiesses inconnues, des beautés sans vraisemblance. Perdant de vue les limites qui séparent les genres, on a confondu parfois le trivial et le familier, le sublime et le gigantesque. La satiété du beau amenant la manie du singulier, on en est venu à vouloir tout peindre aux yeux sans rien dire au cœur. Aujourd'hui l'art de Corneille et de Racine est sacrifié au drame, genre équivoque qui permet tous les tons. On met les romans sur la scène. On ramène ainsi à l'enfance un art qu'on n'a pas conduit à sa maturité. Comparer le drame moderne à la tragédie de Corneille, c'est mettre les supplices de Callot à côté des martyrs peints par Ribeira.

Après 1830, on a broyé dans un seul mortier Corneille et Shakespeare, Racine et Schiller, et il en est résulté une nouvelle école, soutenue par l'appui et la connivence des illustres, des grands et des petits, des hommes de talent et des sots (et Dieu sait *si ces derniers sont forts par le nombre).*

La marche de cette nouvelle école fut gouvernée par une idée fixe : se singulariser par l'extravagance, remplacer l'esprit, qui ne s'emprunte pas, par l'excentricité et souvent par le dévergondage. Ainsi fut créé le drame en France, semblable à la drogue qui donne à l'imagination une sensibilité factice, une perception plus vive, suivie d'affaissement moral et d'atonie intellectuelle. Mais, depuis, ce drame s'est perfectionné, tout en s'affranchissant des règles de l'unité de temps et de l'unité de lieu, et l'on a commencé à respecter l'unité d'action. Les dialogues n'offrent plus de dissonances, on revient de plus en plus aux règles classiques, au style plus pur, moins apprêté, et sous la plume de notre ami Ponsard, que nous avons perdu trop tôt, le romantisme s'est modifié et a emprunté à l'école classique ses formes, ses règles et la forme poétique qui commande à la mémoire. La prose se traîne, le vers a des ailes.

Dans cette transformation littéraire qui se dessine de plus en plus, l'Académie des Bibliophiles a rendu un immense service en publiant des classiques du siècle d'or de la littérature française. Simple et obscur ouvrier, nous avons voulu néanmoins apporter notre pierre à l'édifice en publiant, dans la collection de cette société, un manuscrit inédit « sur les caractères de la tragédie », trouvé dans un coin de notre bibliothèque. Puisse cet écrit inspirer un nouveau Jodelle qui se donnera pour mission de régénérer la scène française en imposant au romantisme la forme de l'ancienne tragédie grecque.

Ce traité, écrit avec l'orthographe du XVIIe siècle, que nous avons soigneusement conservée, nous paraît devoir être attribué à La Bruyère. Ayant dépeint de main de maître les caractères de la cour de son siècle, il n'est pas étonnant qu'il ait voulu nous transmettre la clef des talents tragiques qui ont brillé d'un si vif éclat dans le grand siècle de Louis XIV. Nous ne pouvons pas savoir si ce manuscrit fut destiné à l'augmentation de la dot de Mlle Michallet, mais il est certain que La Bruyère a dû mourir avant de le finir, et qu'on a dû le retoucher dix ans après, c'est-à-dire vers 1709. Nous avions cru d'abord devoir en faire l'attribution à l'abbé d'Aubignac ; mais son style diffus, ses locutions plutôt latines que françaises, ne ressemblent guère au style clair et limpide de notre manuscrit, où il semble que l'on rencontre les *observations fines et mordantes de La Bruyère dans la description des faiblesses et des passions qui caractérisent l'homme vivant, et dont l'homme idéal doit s'approcher pour intéresser le public. Nous y avons trouvé des phrases entières de La Bruyère, comme, par exemple, dans la définition de la tragédie.* « *Le poéme tragique vous conduit* à la terreur par la pitié, ou réciproquement à la pitié par le terrible, vous mène par les larmes, par les sanglots, par l'incertitude, par l'espérance, par la crainte, par les surprises, et par l'horreur, jusqu'à la catastrophe. Ce n'est donc pas un tissu de jolis sentiments, de déclarations tendres, d'entretiens galants, de portraits agréables, de mots doucereux ou quelquefois assez plaisants pour faire rire, suivis, à la vérité, d'une dernière scène où les mutins (sédition, dénoûment vulgaire de la tragédie) n'entendent aucune raison, et où pour la bienséance il y a enfin du sang répandu et quelque malheureux à qui il en coûte la vie. »

Ne dirait-on pas que c'est un programme de notre livre?

Craignant pourtant d'avoir été téméraire en attribuant au plus grand écrivain du grand siècle ce manuscrit où à chaque page on retrouve tant d'esprit, une connaissance si parfaite des hommes et de leurs passions, et une si grande habileté à démêler les causes des événements, nous avons cru devoir en faire don à la Bibliothèque impériale, pour que les Bibliophiles plus compétents que nous découvrent le nom de ce corbeau blanc, qui possède à un si haut degré l'art de peindre le caractère des principaux personnages, de deviner les motifs secrets de leurs actions, et qui joint à la grande connaissance du cœur humain la vigueur et l'éclat du style.

Les auteurs dramatiques ne sont plus ce qu'ils étaient autrefois. Aristophane avait la plus grande autorité sur l'esprit de ses concitoyens. Plaute était soutenu et encouragé par tout ce que Rome avait de plus illustre. Térence comptait Scipion et Lélius au nombre de ses amis. Molière fut appuyé par Louis XIV et sa cour.

Néanmoins le théâtre est encore la carrière la plus séduisante; nous espérons que ce petit livre engagera les écrivains qui y fondent leurs espérances à se rapprocher avec courage de la pureté et de la simplicité classiques. Ce n'est pas par des groupes combinés et des effets pittoresques qu'on remue l'âme; les véritables coups de théâtre partent du cœur, non de la tête.

Le développement des caractères fait avec une élégance sans recherche, la gradation de l'intérêt, le langage de la nature dans sa majestueuse simplicité, un dialogue plein et soutenu, la pitié, la terreur, amenées au comble par des nuances bien ménagées, nous transportent bien davantage. Le seul mot, dit Dorat, qu'il mourût, dans les Horaces, fait une impression plus vive, plus profonde, que ne fera jamais tout l'appareil fastueux de nos drames modernes.

Les hommes de lettres y trouveront un manuel de la Tragédie qu'ils seront obligés de consulter pour écrire ou commenter une pièce de théâtre, les hommes politiques exerceront par cette lecture leur esprit à l'observation des caractères de la Comédie humaine, où ils sont acteurs ou public, et qui bien souvent dépasse en merveilleux la tragédie idéale. « Beaucoup de zèle (p. 220); beaucoup d'amour pour la gloire du souverain; mais on y voit aussi plus de prudence que de probité, » dit notre petit livre en parlant des idées et du style qui caractérisent l'homme d'État. Et quand il dit (p. 224) : « Un homme né avec un caractère politique est ordinairement ambitieux, sanguinaire, vindicatif, toujours hypocrite et jamais vertueux », nous n'a-

vons pas besoin d'ajouter que cette description se réfère aux hommes politiques des siècles passés ; nos contemporains réunissent tant de vertus, que leur nature bénigne (p. 21) les empêche de devenir les héros de Tragédie, parce qu'ils brillent moins. Ce sont les conquérants qui les offusquent; ce sont de tous les illustres coupables ceux qui intéressent le plus. « Les rois détrônés, les lois changées, les peuples dans les fers, quels mouvements, quelles scènes, et que d'yeux pour les apercevoir! » La forme dramatique se prête admirablement à l'histoire, quand on veut peindre les caractères en peu de mots, parce qu'elle admet le dialogue, qui donne plus de vie aux personnages. C'est aussi, à notre point de vue, la meilleure méthode pour apprendre l'histoire. On n'ose pas ouvrir des in-folio, ou entamer la lecture d'un ouvrage volumineux, mais on lira avec plaisir un drame qui se recommande par la vérité historique. Les actions des hommes qui ont joué un grand rôle politique jettent un éclat qui paraît rejaillir sur le lecteur, par l'intérêt qu'il prend aux actions qui le produisent.

Horace redoute si fort le danger d'introduire des caractères nouveaux en poésie, qu'il cherche à détourner le poëte de cette *tentative, et qu'il lui conseille de prendre ses personnages dans les anciens auteurs, ou dans la tradition :*

Aut famam sequere, aut sibi convenientia finge,
Scriptor...
Si quid inexpertum scenæ committis, et audes
Personam formare novam, servetur ad imum
Qualis ab incepto processerit, et sibi constet.

« *Suivez la tradition pour les anciens, ou faites en sorte que les nouveaux ne se démentent pas.* »

Thucydide dramatisait son récit par des harangues vraisemblables des principaux personnages de l'histoire, leur donnant des airs élevés et une grande pénétration politique. Il fait retentir sa phrase du cliquetis des armes, des cris aigus des combattants; il étonne, et c'est ce qu'il se propose. L'élégance ne convient point à sa force, qu'il affecte de montrer dans tout ce qu'elle a d'effrayant.

Hérodote amuse et distrait, Thucydide oblige à penser. Démosthène le copia, dit-on, huit fois de sa main. Un membre du parlement anglais y cherchait des lumières pour les questions qui s'agitaient dans les Chambres. Il est, bien plus encore que Tacite, l'historien des politiques, parce qu'il montre l'action politique des peuples sur les peuples, et que Tacite n'a guère occasion de peindre que l'action politique du prince sur les courtisans et des courtisans sur le prince.

L'histoire dramatisée fixera dans l'attention du jeune lecteur les grandes époques beaucoup mieux que toutes les chronologies, les abrégés ou les manuels, et lui donnera le goût, en provoquant sa curiosité, de lire les grands ouvrages historiques. Il y verra sans efforts, et dans l'espace de quelques heures, ce qu'il n'apprend que péniblement dans les histoires volumineuses. Le président Hénault avait su inventer ce nouveau genre de drame qui n'est pas fait pour le théâtre.

Henri Martin a dramatisée la Fronde.

C'est en composant la tragédie de Don Carlos et en faisant des recherches sur l'époque à laquelle vivait son héros que Schiller écrivit son histoire mémorable du soulèvement des Pays-Bas sous Philippe II. Goëthe, par son Goetz de Berlichingen, s'est immortalisé dans ce genre d'histoire dramatisée qui convient surtout aux drames nationaux, ou à ceux qui embrassent un vaste sujet, comme par exemple la Révolution française de 1789. Les scènes de cette mémo-

rable époque, exposées avec les couleurs broyées sur la palette de Goëthe, nous la représenteraient dans tous ses détails avec la précision du pinceau de Meissonnier retraçant l'intérieur d'un ménage parisien. Au lieu d'être destinés à un parterre mobile et frivole, ces drames ne s'adresseraient qu'à des lecteurs intelligents et judicieux, qui y verraient l'esprit d'une époque bien plus vivement représenté que dans les récits prolixes d'historiens, qui demandent une intelligence mûre pour être goûtés et compris.

Il est surtout des moments de sommeil et de langueur que tous les peuples ont éprouvés, où les ressorts se détendent, où l'honneur est limité par l'égoïsme. La galanterie amène à l'avilissement, au lieu d'être une source de courage, comme dans les beaux temps des croisades, où les Français servaient avec la même ardeur et leur pays et leurs maîtresses. C'est alors qu'il est indispensable de réveiller dans les âmes ces sentiments généreux, cet enthousiasme patriotique qui a donné de si beaux spectacles à l'univers.

L'histoire dramatisée doit emprunter souvent à la plus haute poésie la description des scènes, mais le poëte doit toujours rap-

peler l'historien. Il faudra peindre les caractères d'un seul trait, avec le crayon hardi de Shakespeare, et exceller en même temps dans les portraits comme Macaulay ; joint à cela un reflet de l'érudition d'Erasme et de la critique de Niehbuhr, sans que jamais la rapidité du style fasse disparaître le coloris historique. En jetant ainsi des jalons de l'histoire dramatisée, on ramènera le goût du public vers les grandes œuvres de nos classiques ; on lui fera apprécier les beautés de la vraie littérature et applaudir les sentiments élevés et généreux exprimés dans le langage sévère et classique du grand siècle.

Tel est le rêve littéraire que nous avons conçu à la lecture du manuscrit que nous publions ici. Puissions-nous avoir le rare bonheur, comme l'appelle Bacon, d'être présent à l'inauguration de la première pierre d'une nouvelle méthode historique.

Nice, le 29 septembre 1869.

PRINCE WISZNIEWSKI.

ESSAIS
SUR
LA TRAGÉDIE

SECTION PREMIERE

DES CARACTERES

Premier moyen necessaire pour exciter la terreur et la pitié.

Il faut nous faire aimer celuy qu'on veut nous faire plaindre; autrement nous ne voudrons pas entendre le recit de ses infortunes, ou nous n'en serons touchés que foiblement : or pour nous le faire aimer, on doit lui donner un caractere qui nous interesse; ce caractere ne nous interessera qu'en excitant nôtre admiration, ou qu'en nous representant nos mœurs. L'admiration et l'image de nos mœurs, voilà donc les deux moyens uniques de nous attacher par les caracteres au sort des personages qu'on veut nous faire plaindre; voilà donc aussy les deux effets que doivent produire les caracteres qu'on distribue à ces personnages.

Chapitre I.
DE L'ADMIRATION.

Premier effect que doivent produire les caracteres pour interesser et pour preparer à la terreur et à la pitié.

L'admiration est un mouvement d'amour-propre et de surprise qui naît dans l'âme à l'aspect des efforts extraordinaires par lesquels un grand homme semble elever avec luy toute la nature humaine : nous ne pouvons nous empecher d'aimer cet homme. Nous luy sçavons bongré de nous montrer jusqu'où nous pouvons aller, et de nous occuper de l'excellence de nôtre être, et voilà, je pense, par quels ressorts l'admiration produit l'affection.

1. *Comment s'excite l'admiration.* — Cette admiration s'excite ou par les vertus du premier ordre, comme l'amour extreme du

devoir, la clemence, l'exacte pieté, l'intrepidité, etc., ou par les vices brillants que le prejugé fait regarder comme des vertus, tels que l'ambition, l'amour de la vaine gloire, l'inflexibilité, etc.

2. *Vrayes et fausses vertus produisent l'admiration.* — Ces veritables et ces fausses vertus produisent egalement l'admiration par l'extraordinaire et par le difficile; mais cette admiration n'est point suivie d'une certaine douceur, d'un certain epanchement de cœur quand elle n'est excitée que par des vertus de prejugé : c'est que quelque chose manque toujours aux plaisirs de l'homme, quand il ne sent pas pour luy le temoignage de sa raison; de façon que les grandes vertus sont la source de la veritable admiration dans la tragedie et que les fausses vertus n'interessent jamais parfaitement le spectateur.

3. *Toutes les vertus n'excitent pas l'admiration.* — Cependant touttes les grandes vertus ne reussiroient pas sur le Theatre; il faut, pour s'accomoder à la foiblesse humaine, donner un eclat à tout ce qu'on veut faire priser, et peindre des vertus qui ayent un air de pompe et d'orgueil : voilà pourquoy l'humilité, quoique si extimable, ne doit point entrer dans les portraits des

heros; voila pourquoy, au contraire, l'intrepidité, qui a l'air si fier, est de toutes les vertus celle qui reussit le mieux.

4. *L'insensibilité differe de l'intrepidité et n'excite que l'indignation.* — Mais il faut bien distinguer dans la pratique l'intrepidité de l'insensibilité : l'intrepidité n'est jamais ebranlée, elle connoît pourtant le danger et ressent les maux; l'insensibilité n'est intrepide que par aveuglement ou par dureté. Aimer la vie et la sacrifier à son devoir, c'est intrepidité; sacrifier cette vie, meme à son devoir, sans peine et sans efforts, c'est insensibilité : elle excite l'indignation plustost que l'admiration.

5. *Le devoir ne doit triompher des passions que par de grands efforts qui doivent durer meme apres la victoire. Par là l'admiration et la pitié sont portées à leur comble.* — Bien plus, ce n'est pas assez pour plaire que le devoir ne l'emporte sur la nature qu'apres des grands efforts. Il faut encore que ces efforts continuent toujours; il faut que la nature ne soit jamais vaincûe au point que le devoir remplisse seul toute l'ame; cette victoire entiere du devoir, en finissant les combats, jetteroit de la langueur dans l'action, et l'admiration qu'elle exciteroit seroit d'une espece particuliere peu

propre à faire naître la terreur et la pitié. Voyons un exemple. Si Curiace, dans *les Horaces*, en prenant la resolution de se battre pour son païs contre le frere de sa maitresse et le mari de sa sœur, eut entierement vaincu l'amitié et l'amour, et eut dit à Horace le fils :

« Rome vous a nommé, je ne vous connois plus, » comme celuy cy le luy dit d'Albe; si, par les memes principes et les memes efforts, Sabine et Camille eussent cessé de voir leurs maris et leurs freres dans les ennemis de leur patrie, sans contredit tant de grandeur dans les sentimens de deux familles entieres auroient excité toute nôtre admiration; mais nous en serions demeurés là, et, loin d'être effrayés de leurs malheurs et d'en ressentir de la terreur, nous n'en aurions pas meme eu de la pitié, puisqu'il n'est pas possible de plaindre ceux qui ne se plaignent pas eux-memes.

... Si vis me flere, dolendum est
Primum ipsi tibi...

6. *L'admiration peut être d'une espece à n'exciter ny terreur ny pitié.*—On voit par cet exemple que, quoy que l'admiration soit le moyen le plus noble et le plus sûr pour interesser d'abord au sort de ceux qu'on

veut ensuite faire plaindre, il ne faut pas cependant l'employer sans choix et sans reflexions : elle a ses bornes et ses excés, et elle produit quelque fois un effet tout contraire a celuy qu'en attendoit l'auteur.

7. *Recapitulation.* — Il faut donc, pour la bien employer, qu'elle soit excitée par de grandes vertus ou par des qualités superieures; que ces vertus et ces qualités ayent quelque chose de superbe et de theatral, et qu'enfin la gloire ou le devoir l'emportent sur la nature, mais sans jamais la vaincre entierement; en sorte que, triomphant à chaque moment et combattant toujours contre luy-même, un homme soit toujours à admirer et toujours à plaindre.

Voilà qu'elle admiration doivent produire les differents caracteres qu'un auteur donne à ses heros : premier moyen de nous interesser et de nous preparer à la terreur et à la pitié par les caracteres; voicy de qu'elle façon on doit employer le second moyen, qui est l'image de nos mœurs.

Chapitre II

DE L'IMAGE DES MŒURS.

Second effet que doivent produire les caracteres pour interesser et pour preparer par la terreur à la pitié.

Cause de l'effet de l'Image des mœurs sur l'esprit et le cœur des spectateurs. — L'image de nos mœurs dans les roys et dans les héros nous attache peut-être à eux par le gré que nous leur sçavons de nous montrer nos foiblesses et nos allarmes melées avec leur puissance et leurs vertus : ce raport de misere, cette conformité de penchant et de passions, semble remplir l'intervalle immense qui se trouve d'ailleurs entr'eux et nous; nous les recompensons par l'amitié d'avoir soulagé nôtre orgueil, et d'etre descendus en quelque façon à nôtre niveau.

2. *Autre cause de cet effet.* — Il y a encore une autre raison qui nous attache à leurs caracteres par l'image de nos mœurs, c'est que nous nous aimons par tout où nous nous retrouvons; et que c'est nous

que nous aimons, que nous plaignons en eux, sans nous en apercevoir.

3. *C'est d'abord la nature en general qu'il faut peindre.* — C'est donc la nature, c'est donc nous qu'il faut peindre sur le Theatre ; plus la ressemblance sera parfaite, plus l'interest sera vif, plus le cœur sera rempli. Il est aisé de voir par là qu'un portrait qui ne peindra que peu de gens ne plaira qu'à peu de gens. C'est donc une telle espece d'hommes en general et non pas un tel homme qu'il faut nous montrer ; c'est un vindicatif, mais ce n'est pas un Atrée : dans un vindicatif j'y vois mon concitoyen, mon ami, mon parent, moy-meme ; dans Atrée je vois un homme que je ne connois point, qui ne me ressemble en rien, et qui par conséquent ne m'interessera pas.

4. *Il ne suffit pas que les mœurs soient vrayes, elles doivent aussi etre vraysemblables.* — Il ne suffit donc pas que les mœurs soient absolument vrayes, il faut encore qu'elles soient vraysemblables, c'est à dire qu'elles comportent celles du plus grand nombre d'hommes, et cela eu egard à l'etat, à l'age et aux situations ; en sorte qu'un roy, qu'un guerrier, soient plus superbes qu'un esclave ou qu'un courtisan ; qu'un jeune homme soit plus sincere et plus

temeraire que vindicatif et prudent; qu'un viellard ait de l'experience, etc.; mais ce qu'il y a de plus necessaire et de plus rare dans les peintures des mœurs, c'est que les passions y soient traitées suivant leurs proportions avec les caracteres. Elles ont toutes une expression particuliere dans chaque homme en particulier; et la colere d'Achille se peint par d'autres traits que celle d'Agamennon. De plus, la meme passion a differents degrés de force dans le meme homme, et tous ces degrés doivent estre distingués dans les peintures qu'on en fait.

5. *Elles doivent etre peintes selon leurs rapports avec les caracteres et les situations.* — C'est à quoy on ne fait pas toujours assez d'attention, surtout quand on peint la douleur. Un poëte veut pleurer, sans distinguer s'il fait parler une maitresse, un pere ou un ami, un heros ou une femme; il n'a qu'un langage pour exprimer tant de differentes douleurs; il croit toujours qu'il ne trouvera jamais d'idées assez tristes, et, sans peser la force des caracteres et des situations, il donne carriere à son imagination et luy laisse regler l'etendue de ses regrets.

Il tombe quelque fois dans un autre excés : pressé par la necessité de passer à quelque recit, il oublie tout à coup le plus juste sujet de s'attendrir. Racine, le grand Racine, est tombé dans cette faute au commencement de son *Mitridate*. Xipharés, fils de ce heros et fils bien aimé, vient sur le theatre ouvrir la scene avec Arbate. Il raconte assés froidement tout ce qu'il vient d'aprendre de la deroute et de la mort de son pere : la seule reflexion un peu triste qu'il fait sur ces terribles evenements, c'est que son pere

> Meurt, et laisse après luy pour venger son trepas
> Deux fils infortunés qui ne s'accordent pas.

Il entre tout de suite avec Arbate dans le detail de leurs affaires politiques, et il ne parle plus de son pere, à peine mort, qu'à l'ocasion de Monime et de ses amours.

6. *Elles doivent etre toujours les memes dans le meme homme.* — La froideur de Xipharés est d'autant plus choquante qu'il est peint dans toute la piece comme un homme fort doux et comme un bon fils; de sorte qu'il agit dans cette scene et contre les mœurs en general et contre ses propres mœurs. On voit bien que Racine n'a point voulû s'arreter à peindre la Douleur qu'auroit dû avoir Xipharés, par l'Envie qu'il avoit d'exposer d'abord son sujet; mais, puisqu'il avoit peint d'abord ce fils comme

un homme dur et insensible, il devoit luy donner le meme caractere dans toute la piece, eut-il dû en paroître odieux. *Servetur ad imum qualis ab incepto processerit.* J'aprens que Pharasmane a tressailli de joye en croyant immoler son fils : puis-je croire qu'il fremisse en le tuant sans le connoître ?

7. *Elles doivent caracteriser les siecles, les pays, les ages, les Etats, etc.* — Mais ce n'est pas assez que les mœurs soient vray-semblables, et par raport à tous les hommes en general et par raport à tel homme en particulier; il faut encore qu'elles le soient et par raport aux lieux et par raport aux temps ; en sorte qu'un Turc n'ait pas l'air François et qu'une Spartiate ne ressemble pas à une Grecque d'aujourd'huy.

8. *Recapitulation.* — Enfin, pour que l'image des mœurs soit exacte, il faut d'abord que les grands mouvemens des passions soient pris dans la Nature en general et peignent un homme, et qu'apres cela, des ressorts particuliers fassent sortir et representent non-seulement un homme, mais un tel homme, de tel païs, de tel siecle, de tel caractere, etc.; en sorte que je voye dans le portrait du fils de Philippe un jeune homme, un roy, un Grec et Alexan-

dre. C'est là le plus grand effort du genie, et c'est en cela que Corneille est incomparable.

Recapitulation de toute la section.—Nous avons vû, dans cette section, que le seul moyen d'attacher au sort de ceux qu'on veut faire plaindre étoit de leur donner des caracteres qui excitassent l'admiration, ou qui peignissent exactement les mœurs.

Cette admiration doit estre excitée, autant qu'on peut, par des vertus réelles, ou tout au moins par des qualités qui passent pour des vertus; ces vertus et ces qualités doivent avoir quelque chose de noble et de theatral; elles doivent vaincre à chaque moment les autres passions, mais sans jamais les detruire entierement.

Quant à l'image des mœurs, il faut qu'elle soit exacte et par rapport aux hommes en general, et en particulier par rapport aux temps, aux lieux, à l'age, à l'Etat, aux situations et aux idées receues sur certains personnages.

L'admiration, l'image des mœurs, voilà les deux principales choses que nous cherchons dans les caracteres et qui nous y attachent; voilà les premieres sources de la terreur et de la pitié. Venons maintenant aux autres, et des caracteres passons aux passions; voyons quelles sont les plus propres à nous emouvoir sur la scene.

On pourra remarquer par occasion, dans cette seconde section, combien le choix du sujet peut contribuer à la reussite d'une piece.

SECTION SECONDE

DES PASSIONS

Second moyen necessaire pour exciter la terreur et la pitié.

Chapitre I.

DES PASSIONS EN GENERAL.

Moyen le plus sûr d'exciter la terreur et la pitié par les passions. — Le meilleur moyen d'exciter la terreur et la pitié par les passions, c'est d'opposer les passions les unes aux autres dans le meme homme; en sorte, par exemple, qu'Agamemnon veuille immoler sa fille par ambition, et la conserver par tendresse; que Phedre tienne à la vie par amour, et cherche le trepas par remords; que Chimene ne puisse s'empecher d'aimer Rodrigue, et qu'elle soit obligée de poursuivre en luy le meurtrier de son pere : ces mouvements opposez qui tirent l'ame chacun de leur côté, la dechirent continuellement; et c'est dans la peinture de ces sortes de combats que consiste essentiellement la Tragedie.

2. *Autre moyen qui reussit moins bien.* — Il y a un autre moyen d'exciter la terreur et la pitié par les passions, qui est d'en donner de telles aux differents personnages qu'ils en soient divisés entr'eux; en sorte que l'un aime quand l'autre hait, que l'un craingne ce que souhaite l'autre, ou que tous deux pretendent au meme objet. De là naissent ordinairement la haine, la vengeance, la rebellion, enfin les meurtres qui finissent presque toujours toutes les Tragedies. Mais ce second moyen, quoy que plus usité, vaut beaucoup moins que le premier; et deux passions contraires dans deux hommes differents ne fournissent pas au pathetique comme deux passions qui se combattent dans le cœur d'un meme homme : c'est ce qu'on verra dans la section suivante en traitant du jeu des passions. Il ne s'agit icy que de connoître celles qui conviennent à la Tragedie, sans examiner

encore de quelle façon il faut les faire jouer et les opposer les unes aux autres.

3. *Division de la section*. — Elles se reunissent toutes dans six principales qui sont : l'amour de la vraye gloire, l'amour de la fausse gloire, la tendresse du sang, l'amitié, la haine, l'amour.

Chapitre II.

DE L'AMOUR DE LA VRAYE GLOIRE.

Cette passion est la source du sublime, et celle qui donne le plus de force et de noblesse à la Tragedie. — Il n'y a point de passion qui donne plus de force et plus de noblesse à la Tragedie que l'amour de la solide gloire : un homme qui a cet amour nous paroît presque un Dieu ; car, outre que ses actions ont un caractere d'elevation et d'exactitude qui nous ravit, quelle quantité de choses sublimes ne doit-il pas dire à tout moment! Le veritable sublime n'est que la vive expression de la vertu ou de la verité, et c'est de la bouche d'un heros vertueux que les grandes choses coulent comme de leur source ; elles affectent bien mieux nôtre esprit dans la representation de la Tragedie que par tout ailleurs, en y paroissant revetues de la force de l'exemple et, pour ainsi dire, de la vie.

2. *En la peignant on reussit avec autant de facilité que de certitude.* — Il n'y a donc rien de plus essentiel que de peindre des heros amoureux de la solide gloire, et cela, non-seulement pour reussir certainement, mais encore pour reussir facilement, car il faut beaucoup moins d'esprit et d'efforts pour faire admirer un honnete homme que pour faire admirer un homme vicieux, quelques eclatantes qualités qu'il puisse avoir d'ailleurs. Pour que le vertueux plaise, il n'a qu'à paroître tel; quoy qu'il dise, il plaira par la verité et par la sagesse, qui ont toujours quelque chose de sublime; au lieu que l'autre fera des efforts extraordinaires pour concevoir et pour expliquer un magnifique projet d'injustice, où, malgré l'elevation et la fertilité du genie, on sera toujours choqué de la bassesse inseparable du crime.

3. *Elle prepare d'abord à la terreur en interessant par l'admiration, et elle l'excite ensuite par l'etonnement.* — On voit par là que l'amour de la vraye gloire a cet avantage par dessus les autres passions, d'exciter plus certainement et plus facilement

l'admiration, et par l'admiration la pitié et la terreur; outre que, l'admiration à part, nous sommes bien plus etonnés de voir tomber dans le malheur un homme vertueux qu'un homme qui ne l'est pas. Nous disons en nous-mêmes : Que n'avons-nous pas à craindre du courroux des Dieux, s'ils traittent si durement les honnetes gens ! Nous sentons toute la profondeur de la misere humaine, et nous gemissons.

4. *Definition de la vraye gloire.* — Il est bon d'expliquer, en finissant cet article, ce que j'entends par l'amour de la vraye gloire : c'est, selon moy, la soif de meriter d'abord et ensuite d'obtenir les louanges deües aux veritables vertus : ces veritables vertus consistent dans l'observation exacte des devoirs les plus rigoureux.

Chapitre III.

DE L'AMOUR DE LA VAINE GLOIRE.

Definition de la vaine gloire. — L'amour de la vaine gloire, au contraire, est la soif demesurée de toutes sortes de louanges meritées ou non, accordées par reflexion ou par prejugé, acquises par des vertus ou par des crimes. C'est la passion, c'est la fureur d'attirer, de fixer sur soy le plus d'yeux qu'il est possible, de quelque façon et par quelques moyens que ce soit. Cet excés de l'amour-propre, ce delire de l'orgueil est le principe ordinaire non-seulement des actions, mais encore des mouvements interieurs de presque tous les hommes ; la plupart n'agissent, ne parlent, ne pensent même que pour être aperçus et loüés : quand les regards etrangers leur manquent, ils se regardent et se louent eux-mêmes interieurement.

2. *Cette passion est une des sources du plaisir des spectateurs.* — Bien plus, c'est en nous procurant le plaisir de nous regarder et de nous admirer en nous-meme, que les ambitieux, les conquerants et les politiques nous attachent à leurs guerres et à leurs projets dans la Tragedie ; en partageant leurs mouvements et leurs fatigues, il nous semble que nous partageons aussy leur renommée.

3. *Elle s'excite réellement en eux dans l'illusion de la representation.* — L'orgueil et l'illusion nous mettent en quelque façon à leur place; et dans le fond du cœur nous

adoptons leurs desseins, nous revetons leurs passions, nous nous exposons aux mêmes dangers pour exciter confusement en nous le plaisir de recevoir des louanges. Ce n'est point là un jeu d'esprit, c'est une reflexion qu'on a saisie dans la nature et dont tout homme apercevra la verité avec un peu d'attention; il verra que c'est en partie le panchant de tous les hommes vers la louange, qui par le mechanisme que je viens d'expliquer nous interesse au sort des ambitieux et des autres hommes qu'on nous peint courants apres la fausse gloire.

4. *Parmi les faux illustres, les conquerants interessent le plus parce qu'ils brillent le plus.* — Il est aisé d'expliquer par là pourquoy les actions qui jettent de l'éclat sur les personnages reussissent si bien sur le Theatre : c'est que cet eclat paroît au spectateur rejaillir sur luy, par l'interest qu'il prend aux actions qui le produisent.

Voilà aussy ce qui fait que les conquerants sont, de tous les illustres coupables, ceux qui interessent le plus; leurs actions ont un eclat extraordinaire; l'univers en est le theatre et le temoin. Les rois detronés, les loix changées, les peuples dans les fers, quels mouvements, quelles scenes, et que d'yeux pour les apercevoir! C'est avec des transports que, dans l'illusion de la représentation, nous nous livrons à des mouvements interieurs d'amour-propre, comme si nous etions les auteurs de tant de revolutions et les objets de tant de regards.

5. *Apres les conquerants viennent les politiques.* — Apres le conquerant vient le politique, mais il n'interesse pas tant parce qu'il brille moins; aussi il ne joüe ordinairement que le second rolle, et il est rare qu'un heros de Tragedie ne soit pas guerrier.

6. *Les autres moyens de courrir apres la fausse gloire sont au dessous des premiers acteurs.* — Les autres moyens de chercher des louanges, comme la discretion, la finesse, la dissimulation, la patience, ne sont que de moyens subalternes qui font proprement le partage des confidents. Ils peuvent bien etre employés par les acteurs des premiers rolles; mais ce ne doit estre qu'occasionnellement et jamais comme leur principal objet. Ils ont meme quelque chose de bas qui fait qu'un roy, qu'un heros ne doit s'en servir qu'avec peine et pour une fin noble ou extraordinaire.

Quoy que l'amour de la fausse gloire et des louanges soit une passion des plus fortes et des plus generales, je ne la crois pas cependant aussy propre à la tragedie que la tendresse du sang.

Chapitre IV.

DE LA TENDRESSE DU SANG ET DE L'AMITIÉ.

J'ay deja remarqué que c'est nous meme que nous aimons dans les autres; et si ce panchant à nous aimer par tout où nous nous retrouvons fait que nous nous aimons dans les hommes en general, parce qu'il nous representent confusement nos mœurs, à combien plus forte raison nous aimerons-nous dans nos proches, qui, par la nature et par le prejugé, sont en quelque façon des parties de nous-meme! Je ne mets dans ce rang de proches que les peres, les enfants, les freres, les femmes et les maris. Dans les degrés plus eloignez, l'ardeur du sang est ralentie et ne peut plus exciter de grands mouvements.

1. *Cette passion s'excite facilement par quatre raisons.* — Cette passion s'eleve fa-

cilement dans le cœur du plus grand nombre des spectateurs par plusieurs causes : d'abord, parce qu'ils ont presque tous des peres, des enfants, etc.; qu'ils se les rapellent et qu'ils les pleurent dans ceux qu'ils voyent souffrir sur la scene; en second lieu, parce qu'on plaint volontiers celuy qui n'est à plaindre qu'autant qu'il plaint luy-meme quelqu'un autre; un homme malheureux par sa pitié emporte la pitié de tous les hommes; troisiemement, parce que quelqu'un qui pleure un objet qui luy etoit cher par devoir autant que par goust s'afflige d'une douleur juste, se trouve dans l'ordre et augmente nôtre compassion par nôtre estime; quatriemement, et c'est le principal, parce que rien ne fournit tant au pathetique que les peintures de cette passion. Un viellard (*Thesée*) pleurant sur le corps dechiré de son fils expirant, une mere (*Hécube*) voyant immoler sa fille sur le tombeau du meurtrier de ses enfants, une infortunée (*Electre*) pleurant un pere et un frere massacrés par une mere, une jeune epouse (*Alceste*) qui reçoit les derniers adieux de son jeune epoux, un fils (*Oreste*) qui ne reconnoît sa mere qu'apres l'avoir tuée, un pere (*Idomenée*) qu'un serment engage à sacrifier son fils : quels tableaux ! quelles situations !

quelle source de pathetique et de terreur! Ouy, c'est sans doute de la tendresse du sang qu'on peut tirer des sujets de tragedie sans nombre, et l'on ne doit pas craindre qu'elle laisse languir l'action pour peu qu'on ait du genie.

2. *Recapitulation*. — Quelle autre passion est aussy feconde en mouvements et en mouvements pathetiques? Nous avons vû, d'ailleurs, qu'elle est commune à presque tous les hommes, qu'elle marque un bon cœur, qu'elle est dans l'ordre : quatre moyens d'interesser le spectateur et de le preparer à ressentir la terreur et la pitié.

3. *Cette passion est moins propre au theatre que la precedente; cependant elle y reussiroit assez facilement*. — L'amitié est infiniment moins propre au Theatre, et je ne crois pas que dans toutes les pieces modernes il y en ait une seule dont l'amitié soit la passion principale. Ce n'est pas que deux amis ne puissent etre unis aussi fortement que deux freres et fournir de grands mouvements; mais comme ces liaisons parfaites sont tres-rares, les autheurs ont craint qu'elles ne parussent des êtres de raison sur le theatre, et que personne ne se reconnoissant dans les portraits, personne ne s'interessat à l'action. Je crois qu'en cela ils se

sont trompés. Il est vray qu'il y a peu d'amitiés à l'epreuve du temps et de certaines situations; mais il y en a pourtant de tres-réelles qui, quoy qu'elles s'affoiblissent souvent dans les suites, n'en sont pas moins propres au theatre, peintes dans le temps de leur force : je ne crois pas meme qu'elles soient si rares, et presque tous les hommes ont aimé veritablement une fois dans leur vie.

4. *Elle est moins commune dans les vieillards que dans les jeunes gens.* — Cette passion est moins commune dans les vieillards que dans les jeunes gens; les vieillards, refroidis par l'age et par l'experience, n'ont gueres ny empressement, ny confiance, deux choses qui sont du caractere des jeunes gens et qui donnent la vie a l'amitié. Quy a-t'il de plus beau, de plus vray semblable, et de plus pathetique dans Virgile, que l'amitié de ces deux jeunes guerriers Nise et Euriale; et, comme dit Racine en parlant d'un autre endroit de *l'Eneide*, qui est-ce qui doutera que ce qui a pû fournir à un chant entier d'un poëme epique dont l'action peut durer plus d'un jour, ne puisse fournir a une tragedie dont l'action ne doit être que de vingt quatre heures?

Il est donc surprenant que cette vertu

n'ait paru au theatre que dans un rang subalterne; quand meme on auroit craint de n'echauffer pas assez en l'employant pour passion principale, le plaisir d'instruire et de proposer des modeles a la societé n'auroit il pas dû encourager les autheurs? N'est il pas honteux pour eux et pour les spectateurs que les fureurs de la haine leur ayent paru plus propre a attacher que les charmes de l'amitié?

Chapitre V.

DE LA HAINE.

Cette passion n'est supportable que quand elle a une juste cause et qu'elle est jointe a quelque grande qualité. — Il ne faut pourtant pas croire que la haine nous plaise en tant que haine : elle ne nous attache que par la crainte de ses effets et par la pitié qu'elle nous donne pour ceux qu'elle veut accabler. Il faut meme, pour que nous puissions souffrir la presence de celuy qui hait, il faut non seulement que sa passion ait ete allumée par de veritables offenses, mais encor que la façon dont il veut se venger ait quelque chose qui frappe en produisant des evenements extraordinaires ou en attachant par la hardiesse et par la difficulté ; en sorte que, dans l'execution, le courage et le genie attirent nos regards et nous empechent d'apercevoir toute la bassesse de la vengeance.

2. *Elle est quelque fois devoir plustost que passion.* — Il est vray, cependant, que nous souhaitons quelquefois qu'un innocent persecuté trouve les moyens de se venger ; on est ravi, par exemple, qu'Oreste reussisse a detroner Egisthe. — Mais la haine d'Oreste pour Egisthe est plustost un devoir qu'une passion, et je ne parle icy proprement que de la haine de l'ambitieux ou du vindicatif, de la haine de Cleopatre ou d'Atrée. Certainement personne ne s'interesse pour eux, et s'ils reussissent à accabler Rodogune et Thieste, le poëte passant les bornes de l'art excitera l'horreur, qui est la terreur poussée a un tel excéz qu'elle cesse d'etre un plaisir.

3. *Quand elle est poussée a l'excés et qu'elle est heureuse, elle excite l'horreur et non pas la terreur.*—C'est ce qu'on eprouve dans la representation de l'*Atrée*. L'on ne peut souffrir qu'un frere fasse boire a un pere le sang de son fils, et qu'il n'en soit

pas puni; on est moins effrayé du malheur de Thieste que de la prosperité d'Atrée.

Au contraire, dans *Rodogune*, la terreur la plus vive et la plus continue ne va jamais jusqu'a l'horreur. Cleopatre, pour regner et pour se venger, veut perdre ses deux fils et Rodogune, elle y reussit presque; l'ainé est poignardé et le moment arrive ou l'autre va etre empoisonné avec son amante. Le poison est deja sur leurs levres : voila la terreur a son plus haut point; nous n'en pouvons pas supporter d'avantage, nous commençons à trop souffrir; Corneille s'en aperçoit et ne va pas plus loin; il nous soulage, il nous console, il sauve tout à coup Rodogune et son amant et il fait mourir la cruelle Cleopatre du poison qu'elle leur avoit presenté.

4. *Façon de la traiter.* — Voila comme il faut traiter la haine : etalés toute sa rage, armés la d'un fer; levés ce fer sur la tete de l'innocent, frapés le meme s'il le faut, mais gardés vous bien d'epargner aprés le coupable; qu'il meure à son tour et plus miserablement que sa victime; si la constitution de vôtre sujet ne vous en fournit pas des moyens vraysemblables, employés en d'extraordinaires; si les hommes vous manquent, servés vous plustost des Dieux et de

leur foudre ; je croiray tout pourvû qu'Atrée meure ; je souffrirois trop à penser qu'il vit.

Mais quelque difficile qu'il soit d'employer comme il faut la haine sur le theatre, il est encore plus difficile et plus rare d'y bien employer l'amour.

Chapitre VI.

DE L'AMOUR.

L'amour emeut tous les hommes, mais il ne les emeut que foiblement par luy meme. — L'amour echauffe la scene autant que toute autre passion, par les catastrophes sanglantes qu'il produit quelque fois ; cependant par luy meme il n'a pas beaucoup de force, et s'il remuë presque tous les spectateurs, il ne les remuë que foiblement. Je m'explique. L'amour est une passion douce qui s'insinue dans le cœur et qui peu à peu s'empare de toute l'ame ; la mollesse et la douceur etant ses qualitéz essentielles, ceux quil domine deviennent necessairement nonchalans et effeminés ; au moins sont ils tels auprés de leurs maitresses, et c'est ainsi qu'ils doivent etre peints quand on veut travailler d'après nature. Leurs reproches, leurs sermens, leurs craintes, leurs allarmes ont je ne sçais quoy de fade et de petit qui ne peut pas remplir toute l'etendue de l'ame. Aussy un heros ennuye t'il quand il n'est qu'amoureux ; et s'il ne tremble que pour le cœur de sa maitresse, en verité je ne trembleray pas avec luy. Si sa douleur est elegante, elle pourra bien m'attacher par le stile ; peut etre meme que la naïveté des portraits m'interessera, que sçai je ? peut etre verseray je des larmes, si je suis amoureux, mais ce ne seront la que des mouvemens de pitié, et j'en cherchois de terreur. Je voulois fremir, a peine auray je pleuré.

2. *C'est une passion veritablement theatrale que l'amour accompagné de la jalousie.* — Mais si le poëte veut remplir par l'amour tout le dessein de la tragedie, qu'il l'accompagne de la jalousie ; alors tout sera en feu, acteurs et spectateurs ; la haine, la vengeance, la fureur, la perfidie, les meurtres, les poisons, toutes les passions, tous les crimes viendront animer la scene et nous remplir à la fois de pitié, de crainte et de terreur.

L'amour heureux, dira t'on, a poussé quelque fois les choses aussi loin que la jalousie ; souvent les prieres d'une maitresse ont fait faire plus que la haine d'un rival, il est vray ; mais en verité, un roy, un heros qui fait de grands crimes par simple complaisance pour une femme, n'est digne que d'horreur et de mepris. Celuy que la jalousie rend furieux est bien plus excusable ; toutes les passions s'urissent en quelque façon contre la vertu : le bonheur d'un rival, la honte de ne luy avoir pas esté preferé, l'orgueil, l'envie, le desespoir, tout cela se joint à l'amour par la jalousie et fait executer des resolutions que l'amour seul n'auroit pas dû faire prendre.

3. *Il ne faut pas le peindre par des pensées recherchées, mais par des mouvements.* — Ce quil faut surtout eviter en peignant l'amour, c'est de le peindre par des lieux communs ou par de longues conversations dans lesquelles des infortunés fassent assaut d'esprit. Voilà pourtant comme il paroit tres souvent sur le theatre françois : deux amans employent quatre actes à se dire de forts jolies choses, et quand le cinquieme arrive un des deux vient finir la piece en pleurant ingenieusement la mort de l'autre, de façon qu'on change l'action terrible de la tragedie en une tendre et spirituelle conversation d'elegie.

Les anciens traitoient autrement que nous

l'amour et toutes les autres passions; ils ne discouroient pas tant, mais ils peignoient mieux. Nous rappetissons les grecs et les romains en les representant d'après les gens de cour de nôtre siecle. Nous leur donnons beaucoup de manieres, beaucoup d'esprit, mais nous leurs otons les graces males et les mouvements; nous ne les faisons communement agir qu'aux derniers actes; dans les premiers on ne les croiroit pas agités par la crainte, l'ambition, les remords, la haine, etc., à les voir si attentifs à tourner et à retourner une idée. Emilie, dans *Cinna*, ouvre la scene par des vers sy recherchéz qu'on ne les comprends pas; cependant elle est la pour encourager son amant à tuer Auguste, au peril de la vie de cet amant; il est vray qu'elle dit dix fois qu'elle l'adore, mais peut'on le croire quand on la voit plus occupée de rendre sa pensée que du danger que va courir Cinna ? Elle defent

à ses laches tendresses
De jetter dans son cœur leurs indignes foiblesses.

Et puis elle dit à l'amour:

Et toy, qui les produit par tes soins superflus,
Amour, sers mon devoir et ne le combats plus;
Luy ceder, c'est ta gloire; et le vaincre, ta honte :

> Montre toy genereux, souffrant qu'il te surmonte :
> Plus tu luy donneras, plus il va te donner,
> Et ne triomphera que pour te couronner.

Et tout cela pour dire que, si son amant la venge, elle l'epousera. Que d'affectation ! Est-ce là le langage de la nature et de la passion ? Toute la scene, ou pour mieux dire la moitié du rolle d'Emilie est presque dans le meme gout.

Voila pourtant une des plus belles pieces de Corneille. Mais Corneille etoit souvent moderne et tres moderne quand il peignoit l'amour, tranchons le mot, quand il peignoit les passions. Il reussissoit parfaitement à representer exactement toutes sortes de caracteres, mais il les representoit plustost par des idées que par des mouvements. Il faisoit parler ses romains mieux que les romains n'auroient parlé; il les faisoit agir avec la meme noblesse tant qu'ils n'agissoient que comme romains ; mais quand il les peignoit comme hommes, qu'il leur donnoit de la haine, de l'amour, et d'autres passions generales, en un mot, quand il falloit remuër la terreur et la pitié, le grand Corneille reussissoit quelque fois ; mais, le plus souvent, il n'excitoit qu'une froide admiration qui ne produisoit point de mouvements tragiques.

Recapitulation de toute la section. — Nous avons vû dans cette section que toutes les passions propres au theatre se peuvent reduire à six, qui renferment toutes les autres. Les voicy : l'amour de la vraye gloire, l'amour de la vaine gloire, la tendresse du sang, l'amitié, la haine, l'amour.

L'amour de la vraye gloire ou de la vertu est la source du veritable sublime dans les actions et dans les discours ; il reussit au theatre certainement et facilement.

L'amour de la vaine gloire ou la soif des louanges est une des sources du plaisir des spectateurs. De tous ceux quy sy livrent, les conquerants brillent le plus. Apres eux viennent les politiques. Les autres moyens de chercher les louanges sont au dessous des heros et des rois et sont le partage des confidents.

La tendresse du sang est de toutes les passions celle quy fournit le plus au pathetique. Elle est commune à presque tous les hommes. Elle est dans l'ordre. Elle marque un bon cœur. Ce sont autant de moyens d'interesser et de preparer à la terreur et à la pitié.

L'amitié est moins propre au theatre. Elle n'est pourtant pas si rare, ny si sterile en mouvements que l'on pense. Quoy qu'elle s'affoiblisse presque toujours dans la suite des temps, elle a un point de force ou elle est veritablement passion. Elle est plus rare dans les vieillards que dans les jeunes gens.

La haine, au contraire, est la passion des vieillards. Il faut, pour qu'elle soit supportable, qu'elle ait êté allumée par des veritables offences, que les moyens qu'elle employe à la vengeance eblouissent par la hardiesse ou par la difficulté du projet. Elle est quelque fois devoir plustost que passion. Quand elle est poussée à l'exces et qu'elle est heureuse, elle excite l'horreur et non pas la terreur.

L'amour remûe tous les hommes, mais il ne les remûe que foiblement, quand il n'est pas accompagné de la jalousie. Il ne faut pas les peindre par des conversations spirituelles, mais par des mouvements.

Voila les principales passions propres au theatre, avec leurs caracteres particuliers. Nous verrons, dans la section suivante, par quels moyens on en tire le pathetique.

SECTION TROISIEME
DU PATHETIQUE

Troisieme et principal moyen d'exciter la terreur et la pitié.

―――

Chapitre I.

DU PATHETIQUE EN GENERAL.

Les caracteres et les passions preparent à la terreur et à la pitié plustost qu'ils ne les excitent. — Donner à ses heros des caracteres qui interessent ou par l'admiration ou par l'image des mœurs, leur donner ensuite des passions opposées, nobles, fertiles en mouvements, voilà les deux premiers moyens d'exciter la terreur et la pitié.

2. *Ce qui les excite veritablement c'est le pathetique.*— Mais ces moyens n'excitent

ces deux passions que de loin, ou pour mieux dire ils y preparent plustost qu'ils ne les excitent; ce qui les excite veritablement ce sont les idées et les sçituations pathetiques qu'on peut tirer du contraste des caracteres avec les mouvements, et du jeu des differentes passions. Voicy un exemple :

3. *Exemple pour montrer la difference qu'il y a entre les passions et le pathetique.*— Phedre a naturellement beaucoup de vertû et beaucoup de franchise, voilà son caractere. Phedre se laisse surprendre à un amour incestueux, elle le deteste, elle s'y livre, elle s'en repent, elle est jalouse, elle veut se venger, elle se venge, elle a horreur d'elle-meme, elle se tuë; voilà ses passions et son histoire. Voilà de quoy exciter merveilleusement la terreur et la pitié; mais cela ne fait pourtant qu'y preparer. Pour les exciter reellement, il faut saisir les idées et les situations pathetiques que peuvent fournir le jeu et les oppositions du caractere, des vertus, des crimes, des remords et des malheurs de Phedre, c'est à dire que non seulement il faut luy donner des vertus, des crimes et des remords, mais qu'il faut encore peindre ce qu'il y a de plus pathetique dans ce melange surprenant de vertus et de crimes, dans cette opposition

des refflexions aux mouvements, dans ces combats du caractere avec les passions. Il faut faire sentir ce qui luy en coute de perdre son innocence, les longs efforts qu'elle a fait contre la violence de son penchant, ses terreurs, son degout pour la vie, meme avant son crime, dans la seule crainte de le commettre. Il faut encor faire apperçevoir que son amour pour la vertu semble augmenter avec ses forfaits pour donner plus de force à ses remords, que malgré cela elle devient toujours plus coupable, que cependant elle ne seroit point malheureuse si elle pouvoit se pardonner ses fureurs ;

> Qu'enfin du crime affreux dont la honte le suit,
> Jamais son triste cœur n'a recueilli le fruit.

Voilà pour les idées, voicy pour les situations : Faire arriver Thesée le jour que Phedre est devenue encore plus coupable par l'aveu de sa passion. Faire arriver Thesée le jour que sur le bruit de sa mort Phedre se flattoit de pouvoir sans crime aimer Hipolite et luy plaire. Instruire Phedre de l'amour d'Hipolite pour Aricie sa rivale dans l'instant qu'elle venoit s'accuser pour sauver la vie à ce heros; ne desabuser Thesée que quand son fils n'est plus, lui faire raconter la mort de ce fils par celuy à quy il en avoit confié la jeunesse; faire arriver, à la fin de ce récit, celle qui venoit de le luy ravir par l'union des plus grands crimes, voilà des situations que les caracteres et les passions de Phedre fournissent à l'homme de genie et que le poëte ordinaire n'apercevroit pas; voilà les principales sources de la terreur et de la pitié; voilà le pathetique.

Mais il ne suffit pas d'un exemple pour le faire bien connoitre, il faut aller plus loin et tacher de decouvrir, par la reflexion, en quoy il consiste, et comment il faut meler et combiner les differentes passions pour qu'elles le produisent, c'est à dire que nous allons voir:

1° En quoy consiste le pathetique, soit dans les pensées, soit dans les situations.

2° Quel doit être le jeu des differentes passions pour produire veritablement le pathetique.

4. *Deffinition du pathetique.* — Le pathetique n'est que l'expression exacte des passions. Il faut surtout que les traits principaux en soyent bien marquez; qu'ils presentent distinctement à l'esprit et qu'ils portent vivement dans le cœur tout ce qu'une situation peut avoir de terrible ou de

touchant, soit en mettant cette situation sous les yeux par la representation, soit en la faisant apercevoir simplement à l'esprit par des pensées.

5. *Le pathetique des pensées et celuy des situations ne sont qu'une meme chose, quoy qu'on les distingue icy dessous.* — Quoy que nous distinguions icy dessous ce qui est necessaire au pathetique des pensées d'avec ce qui est necessaire au pathetique des situations, il est pourtant vray que ce qui l'est à l'un l'est à l'autre, puisque les pensées sont des situations mises en recit, et que les situations ne sont que des pensées reduites en action ; une pensée ne touche qu'en peignant une situation ; une situation ne touche qu'en excitant des pensées. Cependant nous distinguerons le pathetique des pensées de celuy des situations, parce qu'il y a des choses plus particulierement necessaires à l'un qu'à l'autre.

Chapitre II.

DU PATHETIQUE DES PENSÉES
ET DE CELUY DES SITUATIONS.

Division. — Pour que les pensées soyent veritablement pathetiques et qu'elles produisent leurs effects, il faut : 1° qu'elles soient tristes et qu'elles en reveillent d'autres aussy tristes; 2° qu'elles soyent liées au sujet, simples et pas trop reflechies; 3° qu'elles ne soyent ny precedées ni suivies par des inutilités ou par des beautés affectées.

2. *Pensées pathetiques doivent etre tristes.* — Il faut d'abord qu'elles soyent tristes parce qu'il n'est pas possible qu'on en puisse avoir d'autres dans les mouvements de la terreur ou dans l'abbattement de la crainte. La joye est une passion etrangere à la tragedie, qu'on ny doit employer qu'en passant et pour rendre la douleur plus sensible par le contraste.

3. *La joye est une passion étrangere à la tragedie.* — La joye qu'excitent les reconnoissances est d'une espece particuliere

c'est, dans le fond, une passion triste. Elle ne remûe tant que parcequ'elle est toujours melée de pitié par le souvenir des maux passez, et de terreur par la crainte des maux presents. Cela est si vray, qu'un pere et un fils, deux freres, deux amants, etc., qui se retrouveroient, sans avoir eté bien malheureux et sans continuer de l'etre, n'exciteroient aucun mouvement. Il faut donc, pour que les pensées soyent pathetiques d'une façon propre au theatre, qu'elles soient tristes.

4. *Pensées pathetiques doivent etre fertiles en d'autres pensées.* — Il faut aussy qu'elles en excitent de nouvelles pour remplir toute l'étendue de l'ame. Il faut qu'elles rappellent, s'il est possible, ce qu'on a dejà vû ou entendû de touchant dans le cours de l'action. Alors on se sent multiplier en quelque façon pour sentir tout à la fois de la pitié pour un, de la terreur pour un autre, de l'amour ou de la crainte pour un troisième. Virgile, dans un seul vers, nous fournit l'exemple de toutes les beautés quy peuvent rendre une idée veritablement pathetique, mais il reussit surtout à augmenter la force et l'effet de sa pensée par les autres pensées qu'elle excite. Il parle, au commencement du 9ᵉ livre, des guerriers

qui etoient venus secourir Turnus. Parmi ceux cy etoit un jeune capitaine d'Argos qui y avoit laissé une jeune epouse qu'il adoroit et dont il etoit tendrement aimé. Le poete interesse à leur sort par la peinture aimable qu'il fait de leurs amours et des plaisirs qu'ils goutoient ensemble depuis leur hymenée. On ne s'imagine pas d'abort qu'un morceau si riant et si eloigné du tragique ne soit la que pour preparer merveilleusement le pathetique. Cependant, à la fin du livre, cet infortuné perit dans un combat. Voicy comme s'exprime Virgile :

Indicit, et dulces, moriens, reminiscitur Argos.

Quel art, mais quel pathetique à rappeler si finement l'histoire d'Adraste par une seule epithete! Ce mot *dulces* adjouté à Argos presente à mon esprit tout ce qu'Adraste perd en perdant la vie. Je m'imagine voir ce malheureux grec tourner du côté d'Argos ses yeux appesantis; je crois l'entendre disant en luy meme : Chere patrie, chere Argos, ou jay tant aimé mon epouse, ou jaurois vecû si heureux auprès d'elle, ou elle m'attend en vain, c'en est fait, je ne vous verray plus. Voilà les dernieres pensées d'Adraste, voilà ce qui l'attache à la vie au moment qu'il en sort, voilà le pathetique dans les pensées :

Que d'idées dans une seule, et quelles idées !

5. *Pensées pathetiques doivent etre liées au sujet.* — Mais celle cy est d'autant plus touchante qu'elle est liée au sujet d'une façon très sensible. Il semble qu'elle seroit venue à tout autre dans la situation d'Adraste. Aussi reconnoit on que c'est la nature qui parle et non pas le poëte.

6. *Pensées pathetiques doivent etre simples.* — Elle a encor une autre beauté, elle est simple, c'est à dire qu'elle presente d'abord son sens et qu'il ne faut point faire d'efforts pour la comprendre ; qualité absolument necessaire dans les pensées qui sont l'effet des passions, ou l'esprit poussé rapidement par le cœur saisit vivement et distinctement ce quil pense, et par consequent l'exprime de meme.

7. *Pensées pathetiques ne doivent pas etre trop reflechies.* — Mais si dans les grands mouvements des passions on pense vivement et distinctement, il n'est pas moins vray qu'on ne pense que jusqu'à un certain point, c'est à dire qu'autant qu'il le faut pour sentir et non pas pour refflechir. La raison en est que l'ame entierement occu-

pée de son objet ne s'en distrait jamais, et ne va point chercher au bout d'une chaine d'idées des consequences trop eloignées dont elle n'auroit pas le loisir d'apercevoir les liaisons. De sorte qu'une pensée, quelque belle, quelque vraye, quelque riche qu'elle soit, est deplacée dans le langage de la passion, à moins qu'elle n'en exprime le caractere ou les efforts, et qu'elle ne soit plustost l'effet du sentiment que de la refflexion.

Cet excez de raisonnement est le defaut ordinaire des tragedies modernes et la cause inconnuë de la langueur de nôtre theatre. Des qu'il y a de l'esprit et des sentences ou il ne faudroit que des mouvements, il ny a plus de vray dans les peintures des passions; de la plus d'illusion et par consequent plus de plaisir. D'ailleurs on s'ennuye bientost de penser, quand on s'etoit flatté de sentir. L'Œdipe de Sophocle ne pense que pour fremir. Celuy de La Mothe semble quelque fois ne souffrir que pour avoir occasion de raisonner; La Mothe m'occupe, Sophocle me ravit.

Mais pour exciter parfaitement la terreur et la pitié, il ne suffit pas d'avoir des idées pathetiques, il faut encor que ces idées ne soyent point noyées dans des inutilités ou dans des beautés affectées, autrement elles manqueroient leurs effets.

8. *Pensées pathetiques ne doivent point etre noyées dans des inutilités.* — Les inutilités marquent une espece d'indifference de l'ame, qui pense et s'exprime avec distraction sur des choses qui ne la touchent que foiblement. Or, rien n'est plus opposé que cette nonchalance à l'effet de toutes les passions, qui, attachant entierement l'ame à un objet, le luy montrent vivement, le luy montrent tout entier, ne luy montrent rien quy n'y ramene, et par consequent ne font rien penser de lent ny d'inutile. Voilà pourquoy tous les hommes sont plus eloquents quand ils sont emûs; voilà aussi pourquoy tout homme qui parle longuement, qui dit des inutilités, ne touche point malgré quelques endroits pathetiques repandus çà et là, on s'aperçoit, à la longueur du stile, que la passion est factice, c'est à dire qu'elle n'est point une veritable passion.

9. *Ny dans des beautés affectées.* — Les beautés affectées empechent de meme l'effet du pathetique, en detruisant aussi l'illusion; l'affectation marque une envie de montrer de l'esprit, et une pareille envie

n'occupe point un homme en proye à l'effroy ou à la douleur.

10. *Du pathetique des situations.* — Voilà ce que j'ay remarqué sur le pathetique des pensées ; passons à celuy des situations. Pour qu'une situation soit pathetique veritablement, elle doit etre terrible, inattendue, vray semblable, necessaire au nœud ou au denoûement.

11. *Situation pathetique doit etre terrible.* — Elle doit etre terrible. Aussi Seneque ne s'est pas contenté de peindre Andromaque embrassant Axtianax et le cachant dans le tombeau d'Hector, il fait arriver Ulisse, qui, par haine, ordonne de demolir ce tombeau. Voilà Andromaque reduite, à voir ecraser son fils unique sous les ruines du tombeau de son mary, ou à le livrer à Ulisse qui le cherche pour le faire precipiter du haut des remparts de Troye. Quel tragique! quel choix à faire pour une mere, et pour une mere aussi tendre qu'Andromaque! Les modernes mettent-ils sur la scene de pareilles situations ?

12. *Elle doit etre inattendue.* — Celle-cy auroit perdu la moitié de son pathetique, si elle avoit eté prevûe par les spectateurs; et cela parce que l'ame s'y seroit preparée peu à peu et l'auroit en quelque façon ac-

coutumée. Elle est donc d'autant plus touchante dans Seneque qu'elle y est absolument inattendüe et que c'est une de ces choses qu'on n'imagine pas.

13. *Elle doit etre vray semblable*. — La haine de tous les Grecs pour Hector la rend pourtant tres vray semblable, or le vray semblable joint au merveilleux produit l'excellence ; le merveilleux, au contraire, sans le vray semblable produit le ridicule, ou ne produit rien. Peut-on etre touché de ce qu'on ne croit pas possible ?

14. *Elle doit servir à l'action principale*. — Une situation seroit terrible, inattendüe, vray semblable, et ne seroit pas encore parfaitement pathetique si elle étoit inutile au nœud et au denoüement, parce que, ne servant de rien à l'action principale, elle couperoit le fil de cette action pour laquelle on s'est deja interessé, et alors, au lieu d'attendrir, elle fatigueroit en obligeant l'esprit et le cœur d'arreter leurs premiers mouvements et de se porter vers des objets etrangers. C'est l'inconvéniant de certains endroits qui n'ont d'autres deffauts que de pouvoir etre supprimés tout entiers, sans qu'il en coûte rien à l'ordre ny aux evenements de la tragedie. Telle est la cinquieme scene du quatrieme acte d'*Andromaque* : Pirrhus

vient trouver Hermione dans le moment qu'elle envoyoit presser Oreste de le luy immoler. Certainement, les differents mouvements que l'abord et les discours de ce roy doivent exciter dans le cœur de son amante desesperée presentent une situation terrible, inattendüe, pas trop vray semblable à la verité; mais ce qui en diminue le pathetique, c'est qu'elle est absolument inutile à l'action et quelle ne se trouve là que pour achever le quatrieme acte. Ce n'est pas que la scene ne soit touchante par mille beautés de detail, mais elle le seroit bien davantage si elle aboutissoit a quelque chose, et si Hermione, par exemple, ne prenoit qu'alors la resolution de perdre Pirrhus.

15. *Les situations episodiques ne sont jamais veritablement pathetiques.* — Il y a de belles situations qui sont encore plus deplacées que celle cy. Telles sont toutes les situations des personnages episodiques. La scene citée de l'*Andromaque* ne fait que rallentir l'action; les plus belles scenes episodiques la divisent, la font perdre de vûe, et detruisent l'interest en le partageant.

Sophocle, qui me paroit en tout le maitre des poëtes tragiques, ne bornoit point aux scenes et aux situations la scrupuleuse exactitude de ne rien ecrire qui ne fut absolument necessaire, ou tout au moins utile à l'exposition, au nœud ou au denoüement. Il portoit en cela son attention jusques sur les simples idées; et dans l'*Œdipe* et le *Philoctete*, il n'y a pas peut etre une seule phrase que l'on put oter sans nuire ou à l'enchainement ou à la clarté de toute l'action. La premiere scene, la premiere idée, sont combinées avec toutes les scenes, toutes les situations et toutes les idées de la piece; rien n'est exprimé, rien n'est placé au hasard. C'est que Sophocle, le seul Sophocle, n'a point conçu et traité ses sujets par morceaux. Il voyoit, il enfantoit les siens dans toute leur perfection; l'étendue de son genie en apercevoit à la fois toutes les parties et en combinoit les raports les plus eloignez; aussi n'y voit on point de pieces rapportées, de scenes mises pour finir un acte et de pensées qui ne servent qu'a remplir une scene. Racine me paroit celuy qui a le plus aproché de son exactitude et de sa justesse. L'*Atalie* fait un tout aussi beau et aussi entier que le chef-d'œuvre du tragique grec. Mais l'auteur de *Phedre* meme est bien au-dessous de l'auteur d'*Atalie*. Quoyque le plus sage des poëtes modernes, il a mis beaucoup d'inutilités dans ses autres pieces, en y mettant presque toujours des episodes qui sont les pires de toutes les inutilités.

16. *Recapitulation.* — On voit par tout ce que je viens de dire qu'il faut bien des choses pour produire le veritable pathetique, soit celuy des pensées, soit celuy des situations. Que les pensées doivent estre tristes, fertiles en d'autres pensées, liées sensiblement au sujet, simples, pas trop refflechies, detachées des inutilités et des beautés affectées; que les situations doivent etre terribles, inattendues, vray semblables et utiles à l'action principale.

Maintenant, apres avoir taché d'expliquer quelles sont les idées et les situations pathetiques, tachons de faire voir quel doit etre le jeu des differentes passions pour produire ces idées et ses situations.

Chapitre III.

DU JEU ET DE L'OPPOSITION

DES DIFFERENTES PASSIONS DANS LE MEME HOMME, POUR EN TIRER LE PATHETIQUE.

Dans la seconde section de cette dissertation on a parlé des passions en general, et en particulier de celles qui estoient les plus propres au theatre, c'est à dire à exciter la terreur et la pitié. On en a examiné la nature et les effects; on a aussi remarqué en passant que le meilleur usage qu'on en pourroit faire, c'etoit de les opposer les unes aux autres dans le meme homme, ou tout au moins d'en donner de telles aux differents personnages qu'ils en fussent divisez entr'eux.

Commençons par examiner les different effets de leurs differentes oppositions dans le meme homme; et d'abord opposons y l'amour de la vraye gloire à l'amour de la fausse gloire et tout de suite aux autres passions.

1. *Du jeu et du contraste de l'amour de la vraye gloire avec les autres passions, dans le meme homme, pour en tirer le pathetique.* — Si la vraye gloire, si le devoir l'emportent dans un heros sur la fausse gloire, sur l'ambition, sur l'amour des louanges, nous l'admirerons; si, au contraire, il aime plus la renommée que la vertu, nous reconnoitrons avec plaisir qu'un heros n'est qu'un homme; mais si à ces deux passions il ne s'en joint point d'autres, s'il ne s'agist que d'en faire triompher une sans effets exterieurs bien interessants, si la determination que l'on prend ne produit rien de terrible ou de touchant, en sorte qu'on ait fait combattre la vraye et la fausse gloire que pour donner le spectacle du combat, on excite des mouvements mediocres, on tombe dans l'inconvenient de parler plus à l'esprit qu'au cœur, on fait beaucoup de reflexions et on ne sent gueres. Ces combats peuvent bien avoir lieu dans les premiers actes; ils y preparent le spectateur à la terreur ou à la pitié, en l'attachant au vertueux veritable par l'admiration, et au vertueux de prejugé par l'image des mœurs; mais pour l'exciter veritablement, cette terreur ou cette pitié, il faut

dans les autres actes mettre en jeu des contrastes plus impetueux ; il faut opposer à l'amour de la vraye gloire, non plus des passions de l'esprit, si j'ose me servir de ces termes, telles que l'ambition, la politique et les autres objets de la fausse gloire, mais les passions maitresses du cœur, les passions de sentiment, telles que la tendresse du sang, l'amitié ou l'amour. Il ne faut pas peindre un homme qui delibere s'il agira pour meriter les louanges ou pour les obtenir. Il faut mettre sur la scene un pere, un amy, un amant, qui soient obligez de perdre ou leurs vertus ou les objets de leurs passions. Idomenée doit etre parjure ou sacrifier son fils ; Pilade laisse assassiner Pirrhus, s'il ne trahit pas Oreste ; Enée ne peut remplir ses hauts destins qu'en abandonnant Didon. Voilà des situations capables d'effrayer la plus haute vertu. L'ame du spectateur, partagée comme celle des personnages mêmes, sent tout le tragique de ces oppositions des mouvements, ou, de quelque côté qu'elle se porte, elle voit egallement à souffrir. Remarquez en passant qu'il vaut mieux que la balance panche toujours du côté du devoir, pour augmenter par l'admiration l'interest que le spectateur prend au sort des acteurs. De ces trois passions, la tendresse du sang, l'amitié et l'amour, la tendresse du sang etant essentiellement la plus forte, elle est aussi la plus propre à luter contre l'amour du devoir.

2. *Du jeu et du contraste de la haine avec les autres passions dans le meme homme pour en tirer le pathetique.* — La haine, j'entends celle dont j'ay parlé dans le chapitre des passions, ne peut pas être opposée à cet amour du devoir, parce quelle ne peut pas se supposer dans l'ame d'un honneste homme. On ne doit pas non plus la faire contraster avec la tendresse du sang ou avec l'amitié, parceque celuy qui est en proye à ses detestables accés ne peut pas avoir le cœur assés bon pour aimer ses parents et ses amis d'une tendresse ou d'une amitié de passion. C'est une erreur de croire qu'on puisse etre tendre pour les uns et insensible pour les autres. Un mechant peut bien, par hazard, par foiblesse ou par quelque autre cause momentanée, faire une action de bonté, mais il ne peut pas etre bon. Il est possible pourtant qu'il aime par amour, si l'on peut donner ce nom aux transports d'un Radhamiste ou d'un Atrée, et meme, comme tout est excessif dans un furieux, le cœur d'une maîtresse y balance

quelquefois les douceurs de la vengeance; mais ces sortes de combats ne touchent point, et bien loin de souffrir avec un pareil homme, on se rejouit de ses douleurs.

L'amour de la fausse gloire peut bien suspendre les effets de la haine, mais non pas les detourner entierement. En voicy la raison : cette gloire de prejugé n'est point d'une nature immuable comme la veritable; elle se plie au gré des passions et se laisse attacher à toute sorte d'objets, de sorte que le vindicatif, arreté d'abord dans ses noirs projets par la crainte d'etre meprisé, appelle à son secours l'imagination. Celle cy luy exagere les causes de sa haine, luy diminue les satisfactions qu'il a receües, donne les noms de vertu ou de prudence aux moyens hardis ou difficiles qu'il veut employer, et fait enfin esperer des louanges pour des forfaits qui, d'abord, effrayoient meme le criminel.

3. *Recapitulation.* — On voit par là que la haine s'aide de la fausse gloire, plustost qu'elle ne la combat; et c'est là le propre de tous les crimes qui ont un air d'eclat. On voit aussi qu'elle ferme le cœur à toutes les passions, excepté à l'amour de la fausse gloire et à l'amour.

4. *Du jeu et du contraste de l'amour avec*

les autres passions dans le meme homme pour en tirer le pathetique. — L'amour au contraire comporte toute sorte de caracteres, de mouvements et de situations; il se trouve avec toutes les vertus et tous les vices. Les François, qui le regardent ordinairement comme la plus forte des passions, l'opposent ordinairement à l'amour du devoir, comme à un ennemi digne de luy. Ont ils raison? Il faut distinguer : si ce devoir exige la mort d'une maîtresse ou de quelqu'un qui luy appartienne de bien pres, alors la victoire qu'emporte le devoir a des effets tragiques et les combats qui la precedent sont merveilleusement pathetiques; mais s'il ne s'agist que de se resoudre à quitter cette maîtresse, ou de la ceder, si l'on veut à un pere ou à tout autre rival, en verité, il y a bien là de quoy etre affligé, mais non pas de quoy faire fremir le spectateur. La meme distinction peut servir pour toutes les autres passions que l'on fait combattre contre l'amour; ce qui fait le pathetique du combat, c'est moins la passion qu'on y employe que l'espece de sacrifice qu'exige cette passion.

Il faut enfin prendre bien garde de ne pas donner trop de force à l'amour en le faisant resister longtemps à des objets d'une certaine importance. Titus ne se determine pas assés vite à sacrifier une maîtresse aux loix et aux applaudissemens de tout l'Empire; Titus est avili par cette longue incertitude. Je suis etonné de ne trouver qu'un amant ou il faudrait aussi un empereur : on vient luy dire que Berenice veut mourir, il doit fremir; il peut meme etre ebranlé un moment, mais il ne doit jamais se laisser vaincre à sa passion jusqu'à faire entendre qu'elle est plus forte que son devoir. Ces deux vers cy sont-ils du maître du monde :

Je ne souffriray point que Berenice expire;
Allons, Rome en dira ce qu'elle en voudra dire.

Il a raison de dire un peu plus bas :

Je ne sçais, Paulin, ce que je dis.

Chapitre IV.

CONTINUATION DU CHAPITRE PRECEDENT

DU JEU ET DE L'OPPOSITION DES DIFFERENTES PASSIONS DANS UN MEME HOMME POUR EN TIRER LE PATHETIQUE.

Du jeu et du contraste de la tendresse du sang avec les autres passions, dans le meme homme, pour en tirer le pathetique. — Les mouvements du sang sont les plus forts de la nature; ils sont consacrez par le devoir, par le prejugé; ils sont convenables à toute sorte d'etats. Il faut donc que ce qu'on leur oppose soit bien puissant et bien extraordinaire pour pouvoir les balancer. Le salut de la patrie, la sainteté des sermens, la crainte ou le respect des dieux, sont les seules raisons qui doivent faire hesiter entre la vie et la mort d'un pere, d'une epouse, d'un frere et d'un fils; il ne faudroit pas de moindres interets pour desliberer simplement de leur ôter la liberté; l'amitié, l'amour, etc., ne doivent point avoir assez de force pour surmonter ces mouvements primitifs et comme innés avec nous, à moins que l'ingratitude ou la prevention n'en ayent diminué peu à peu la puissance; quand meme cela seroit arrivé, il faut qu'ils ne cedent que dans la violence des mouvements opposez, que dez que ces mouvements sont rallentis, ils reprennent leurs droits sur le cœur et vengent la nature par les remords les plus excessifs.

Mais pour que la tendresse du sang fournisse des incertitudes theatrales qui soient bien pathetiques et qui puissent durer jusqu'au denoûement, il faut l'opposer à elle-meme, l'interest d'un fils à l'interest d'un fils, celuy d'une epouse à celui d'un pere; il faut imaginer des situations ou il faille perdre l'un ou l'autre, et ou l'on ait à se reprocher la mort de celuy qu'on ne sauvera pas.

2. *Du jeu et du contraste de l'amitié avec les autres passions, dans le meme homme, pour en tirer le pathetique.* — L'amitié fait presque sur l'ame la meme impression que la tendresse du sang; je la crois seulement un peu plus tranquile et moins commune. Il faut l'employer à peu pres de meme, avec un peu moins de feu et plus rarement. Elle fournit de beaux mouvements, contrastée

avec elle-meme ou avec l'amour du devoir.

3. *Du jeu et du contraste de l'amour de la vaine gloire avec les autres passions, dans le meme homme, pour en tirer le pathetique.* — L'amour de la vaine gloire ou la soif des louanges, peinte suivant ses differents degrez, caracterise parfaitement les conquerants, les politiques, les ambitieux et presque tous les personnages du theatre; mais dans la chaleur de l'action, ses mouvements les plus vifs ont encor quelque chose de trop lent et de trop reflechy; c'est pourquoy il faut la faire ceder à d'autres passions, dez qu'on arrive à la fin du 3e acte. Racine l'a bien connû : dans l'*Iphigénie*, il peint Agamennon partagé entre la tendresse du sang et l'ambition, depuis le premier acte jusqu'au commencement du quatrieme; il paroit meme, dans le second et le troisieme, que l'ambition l'emporte sur la nature; mais dez que le nœud est entierement lié et que l'action est bien échauffée, Agamennon n'est plus que pere. Malgré Calchas qui prepare l'autel, malgré les cris de l'armée qui demande la victime, il court dans sa tente, il embrasse sa fille, il la mouille de ses larmes, il s'effraye du peril qu'il luy a fait courir et il la fait partir du camp, escortée d'Arcas et de tous

ses gardes. Ensuite, lorsqu'elle est arretée, il ne contrefait point le genereux, il se livre tout entier à la douleur, il oublie son rang et sa renommée, et, desesperant, malgré le secours d'Achille, de sauver sa chère Iphigénie, il se couvre la tete d'un voile pour cacher l'excez de son desespoir.

On pourroit opposer à cet exemple celuy de Cleopatre, dans la *Rodogune* de Corneille, ou cette Cleopatre excite merveilleusement la terreur, par des moyens tous contraires à ceux d'Agamennon. D'acte en acte, elle etouffe de plus en plus la voix de la nature, à mesure que le denoüement approche. Mais prenés garde que ce n'est pas Cleopatre qui excite la Terreur; elle l'occasionne, elle la prepare bien par ses forfaits et par ses deisseins, mais ce qui l'excite reellement, essentiellement, ce sont les mouvements pathetiques, ce sont les tendres regrets d'Anthiochus sur son frere, c'est la crainte qu'a le spectateur qu'il ne perisse bientost luy meme avec son epouse.

En m'avoüant que les mouvements de Cleopatre, mouvements d'ambition et de vaine gloire, ne font proprement que préparer à la terreur, on me diroit peut être d'avouer à mon tour qu'ils n'ont rien de lent, quoy que tres reflechys; à cela je reponds qu'il suffit qu'ils remuënt moins que ceux d'Agamennon pour que j'aye raison; or, qu'on fasse attention que Cleopatre, n'eprouvant presque point de terreur, n'en peut guere exciter par l'expression de ses mouvements, au lieu qu'Agamennon, bien representé, me communiquera tout ce qu'il sent de pathetique, et que ne sent-il pas? Cleopatre m'etonne en m'occupant l'esprit; Agamennon me remuë, me transporte, en s'emparant de tout mon cœur.

Il ne faut pas conclure de la qu'il y ait dans *Iphigenie* de plus belles scenes que la derniere et merveilleuse scene de *Rodogune;* c'est le chef-d'œuvre du theatre françois; mais Cleopatre, sa fureur, sa presence d'esprit, ses differentes resolutions, ses differents mouvements, et enfin sa mort, ne font que la moindre partie des beautez de cette scene. Elle tire sa principale force, ainsi que nous venons de le dire, de la situation, des regrets d'Antiochus, et surtout du meslange de vingt passions differentes, qui toutes, plus ou moins fortes, y sont exprimées par leurs traits les plus caracterisans et les plus pathetiques.

Voyons y d'abord leur jeu et leurs oppositions dans le cœur d'une meme personne. Antiochus aime Cleopatre, adore Rodogune;

la premiere est sa mere, l'autre est sa maîtresse et sa femme. Une des deux est pourtant la meurtriere de son frere; une des deux doit perir avec luy par la main de l'autre. Qu'elle doit-il plaindre? qu'elle doit-il punir? les aimera-t-il? les detestera-t-il toutes deux? Il fremit egalement de les aimer et de les haïr. Non-seulement une passion dispute son cœur à une autre, mais dix passions le disputent aux memes passions, à des passions differentes; le devoir, le respect d'une mere, l'amitié d'un frere, l'amour, la vengeance, la crainte, l'effroi, le desespoir, l'entrainent, le tirent de tous les cotez, le dechirent ensemble et tour à tour. Dans le cœur de Cleopatre, l'orgueil, l'ambition, la haine, combattent, etouffent tout sentiment humain, jusqu'à l'amour meme de la vie. Dans celuy de Rodogune, la surprise, la crainte du soupçon, la fierté, la haine, l'amour, la colere, se melent, se confondent et se combatent. Ce melange et ce contraste de plusieurs passions dans la meme personne produisent leurs effets, dans ce cinquieme acte, d'une façon bien sensible. Je ne l'ay jamais vû representer que les spectateurs ne fondissent en larmes; les petits maîtres meme se sentent forcez de se taire et de fremir.

Le grand Corneille a manié cet endroit divin dans un de ses plus heureux moments; toutes les causes du pathetique y sont employées, caracteres vrays et theatraux, passions vraysemblables, vives et nombreuses, jeu et combat de ces passions dans chaque acteur en particulier.

Nous y voyons aussy le jeu et le contraste de ces memes passions entre les differents personnages; second moyen de les employer pour en tirer le pathetique.

Chapitre V.

DE LA FAÇON

DE FAIRE JOUER ET CONTRASTER ENSEMBLE LES PASSIONS DES DIFFERENTS PERSONNAGES.

Les passions se melent et se combatent d'une façon moins vive dans les personnes differentes que dans le cœur d'une meme personne; nous l'avons déja remarqué; mais leurs jeux et leurs contrastes y sont plus nombreux, parce qu'elles peuvent toutes etre employées dans l'expression de plusieurs caracteres, au lieu qu'en peignant un seul homme, certaines passions en excluent d'autres. Dans le portrait d'un homme ambitieux, par exemple, on ne sçauroit faire entrer ny l'amour de la vertû, ny celuy des hommes ; je ne puis pas etre à la fois mauvais et bon, inflexible et compatissant; mais je puis etre mauvais, quoy que vous soyez bon, etc. Les mouvements, les passions de l'un n'influent en rien sur les passions de l'autre; je puis avoir quelques-unes de vos passions; je puis avoir toutes celles que vous n'avez pas; nous pouvons les avoir toutes entre nous deux. Ainsi leurs combinaisons, dans plusieurs personnes, vont à l'infini.

1. *Les memes passions sont tres-differentes dans chaque homme en particulier.* — Et cela, non seulement parce qu'on peut les employer de mille façons differentes, au gré des evenements et des autheurs, mais encor parce que, quoy que semblables essentiellement dans tous les hommes, elles sont cependant tres differentes dans chaque homme en particulier, par le melange des caracteres, des temperaments, des prejugez, des situations, etc.

2. *Division.* — On voit par là qu'il est impossible de traiter tous les moyens de meler et de faire contraster les passions des differents personnages, aussi me bornerai-je à parler des quatre principaux ; les voicy :

1º Donner à ceux qu'on veut faire plaindre des passions qui les rendent aimables et qui fassent excuser leurs foiblesses ;

2º Donner à ceux qu'on veut faire haïr des passions qui les rendent criminels à l'excez et redoutables ;

3º Donner autant qu'on peut de differentes passions aux differents personnages ;

4º Ne leur en donner jamais de semblables que dans des degrez eloignez et qu'en variant d'avantage les caracteres, à mesure qu'on jette plus d'uniformité dans les mouvements.

3. *Passions qu'il faut employer pour faire aimer ceux qu'on veut faire plaindre.* — Ce qui rend aimable, c'est le respect des dieux, l'amour de la patrie, celuy des hommes, la generosité, la bonté, l'intrepidité bien placée, et tout ce qui denote un cœur vertueux ; la tendresse du sang, l'amitié et quelquefois aussi l'amour dans les jeunes personnes, quand il est timide, desinteressé, et surtout quand il est malheureux ; tel est celuy d'Iphigenie, tel est celuy

de Berenice. L'ambition meme peut donner du charme à un heros, mais il faut pour cela qu'elle soit temperée par un grand amour de la justice, et qu'elle ait pour bût la gloire de la patrie, la destruction de quelque tiran ou le bonheur des peuples vaincus. Voila les passions qui interessent au sort des acteurs et qui les rendent aimables.

4. *De quelle façon il faut employer les passions pour rendre excusables ceux qu'on veut faire plaindre.* — Toutes celles qui ne marquent point une ame noire portent leurs excuses avec elles, quand elles sont poussées à l'excez, pourvû qu'on ne leur cede qu'apres avoir combatu longtemps, et qu'on soit en proye aux remords. Phedre en est un exemple bien sensible : elle commet les plus grands crimes, elle est adultere, incestueuse et parricide; cependant on ne la hait point; on considere l'excez de sa passion, ses efforts pour y resister et ses regrets d'y avoir succombé; on l'excuse et on la plaint plustost qu'on ne la condamne.

5. *Comment il faut peindre les passions des scelerats qu'on veut faire haïr.* — Ce qui fait le scelerat, c'est moins la grandeur du crime que la façon dont il est commis. Quand Neron fait empoisonner Britannicus,

ce qui desespere Burrhus, ce n'est pas la mort de ce prince; la jalousie, dit-il à Agrippine, a pu armer l'empereur contre son frere :

Mais s'il vous faut, madame, expliquer ma douleur,
Neron l'a vu mourir, sans changer de couleur :
Ses yeux indifferents ont deja la constance
D'un tiran, dans le crime endurci dez l enfance.

Voila l'homme abominable qu'on abborre, bien loin de le plaindre. Pour augmenter encore la haine des spectateurs, Racine le montre redoutable; c'est le maitre du monde, et par conséquent celuy de Britannicus et de Junie; son pouvoir sur eux le rend d'autant plus odieux qu'il luy fournit des moyens plus faciles de les perdre.

6. *Raisons de donner, autant qu'on peut, aux differents personnages des passions differentes.* — Donner aux uns des passions vertueuses, aux autres des passions aimables, à d'autres encor des passions crimineles qu'ils detestent en s'y livrant; enfin, peindre des scelerats se rassasiant par gout de crimes et de sang; et tout cela dans une meme tragedie, c'est ce qu'on appelle varier les mouvements. C'est le moyen le plus assuré pour attacher et pour plaire. Dans des passions semblables, non-seule-

ment les situations sont ordinairement les memes, souvent les simples idées le sont aussi; moyenant quoy, les differents personnages ne sont que des coppies un peu deguisées les unes des autres. Les scenes ou Mitridate parle d'amour à Monime ne sont, quant aux mouvements, que des repetitions des scenes ou Pharnace luy en parle aussi; l'ame y voit bien quelques idées differentes, mais elle ne sent rien dans les unes qu'elle n'ait deja senti dans les autres; memes situations, meme empressement, meme violence, memes menaces, exprimées en termes differents, dans Mitridate et dans Pharnace; dans Monime, meme antipatie et meme reffus pour tous les deux. Par là, l'action, repetée en quelque façon, laisse tomber l'attention du spectateur, en n'excitant plus sa curiosité et en ne l'eveillant pas par des mouvements nouveaux.

7. *Il faut donner aux differents personnages, non-seulement des passions differentes, mais encor des passions opposées.* — Cet inconvenient ne se trouve pas dans *Athalie,* ou non-seulement tous les personnages ont des passions differentes, mais ou toutes ces passions sont rendues plus sensibles par leurs passions opposées. Athalie est impie et inhumaine; Josabet est pieuse

et pleine d'amitié; Joad ne craint que Dieu et dit la verité aux roys; Mathan deifie les crimes des rois et abandonne la foy de ses peres; Abner deplore la chute de sa religion, et cependant il desespere de l'accomplissement des propheties : par la, il a un caractere singulier, aussi eloigné de la mechanceté de Mathan que de la sainte intrepidité de Joad; Joas, aimable enfant, caressant, ingenu, mais intrepide et bravant le faste et le danger, ressent et excite des mouvements tous differents de ceux des autres personnages. Or voila les cinq principaux. Il n'y a personne qui ne s'aperçoive de la difference de leurs passions et de leurs mouvements, et surtout du contraste de ces mouvements et de ces passions. Dans la scène de Mathan avec Nabal, Racine donne le rolle d'un idolatre à Nabal, afin de multiplier d'avantage les airs de tete; voicy comme il parle à Mathan :

> Qui peut vous inspirer une haine si forte?
> Est-ce que de Baal le zele vous transporte?
> Pour moy, vous le sçavez, descendu d'Ismaël,
> Je ne sers ny Baal, ny le dieu d'Israël.

Voila des modeles admirables : autant d'acteurs, autant de caracteres, autant de passions differentes; mais, je le repete, ce quy rend plus sensible la peinture de ces diverses passions, c'est leurs contrastes et leurs oppositions reciproques; ainsi que dans un tableau les touches de clair données dans l'ombre en font mieux apercevoir l'obscurité et y paroissent dans un plus grand eclat, les passions contraires, qu'on me passe cette expression, se servent en quelque façon de clair obscur les unes aux autres dans les peintures de la poesie.

8. *Il faut varier les caracteres de ceux à qui on donne les memes passions, affin que ces passions ne paroissent pas si semblables.* — Si la constitution du sujet oblige d'en donner de semblables aux divers personnages, il faut au moins les leur donner dans des degrés si differents, varier si fort les caracteres, les situations, les ages, etc., que ces passions, alterées et noyées dans d'autres passions accessoires, ne paroissent plus les memes. C'est ce qu'a fait Racine dans son **Iphigenie**: Agamennon, Achille et Ulisse ne sont au fond que trois ambitieux; ils semblent cependant ne se ressembler en rien. Agamennon veut sacrifier à son ambition la vie de sa fille, le nom de pere luy paroit moins doux que

Ce nom de roy des rois et de chef de la Grece.

Cependant sa fille arrive, il se trouble, il menage les pretres, il consulte les dieux, il ne veut plus aller à Troye, il hesite, il s'offence, il s'attendrit, et enfin il n'a pas la force de prendre un parti. Achille, au contraire, n'hesite ni ne craint; rois, pretres, dieux, vous ne l'arreterés point; il veut aller à Troye; si les Grecs demeurent, il partira seul avec Patrocle; il n'est pas fait pour obeir, mais il ne se soucie pas de commander, il ne veut que combattre; on veut sacrifier sa maitresse, il la deffendra contre toute l'armée, malgré son pere, malgré les dieux, malgre elle-meme, et il la sauvera. Ulisse est veritablement zelé pour le bien public; mais la soif de commander l'engage à des detours et à des bassesses indignes d'un grand roy Qu'il est bien different en cela d'Achille et meme d'Agamennon; mais, moins vaillant que le premier et moins puissant que le second, il leur cede les marques exterieures du commandement; il se contente de les faire agir à son gré, par son eloquence et par ses artifices, en paroissant leur ceder et leur obeir; maitre des cœurs et des esprits, c'est luy qui inspire toutes les deliberations qui se prenent dans l'armée.

Voila trois hommes qui, avec la meme

passion dominante, paroissent aussi different les uns des autres que des hommes peuvent l'etre, et cela, par les diverses façons de peindre la meme passion.

Voila tout ce que j'avois à dire sur le jeu et sur le contraste des passions et des mouvements dans les divers personnages.

Recapitulation de toute la section. — Le pathetique n'est que la vive expression des passions. Celuy des idées et celuy des situations sont essentiellement la meme chose, mais on distingue l'un de l'autre pour s'expliquer avec plus de clarté.

Celuy des pensées consiste en ce que les pensées soyent tristes, fertiles en pensées tristes, simples, pas trop reflechies, degagées des inutilités et des beautez affectées.

Celuy des situations consiste en ce que ces situations soyent terribles, inattendues, vrai-semblables, necessaires au nœud ou au denoüement.

Les passions qui produisent ce pathetique, soit par des situations, soit par des idées, se combinent et s'employent dans le meme homme de plusieurs façons.

Il faut y opposer à l'amour de la vraye gloire, des passions de sentiment, des passions du cœur, telles que la tendresse du sang, l'amitié, l'amour, etc.; l'ambition, la politique, la soif de commander, etc., ne sont en quelque façon que des passions de l'esprit, qui, contrastées avec l'amour du devoir et de la vraye gloire, ne produisent que des mouvements mediocres.

La haine ne peut se trouver qu'avec l'amour et avec l'amour de la fausse gloire, dont elle se fortifie.

L'amour, au contraire, se marie avec toutes les passions, avec toutes les vertus, avec tous les vices. Les François l'opposent ordinairement à l'amour du devoir; le combat est pathetique, suivant le sacrifice qu'exige ce devoir ou quelqu'autre passion.

Les mouvements du sang etant les plus puissants de la nature, il faut qu'ils ne soyent surmontés qu'apres bien de combats, et qu'ils reprennent leurs droits sur les cœurs dés que les mouvements opposez sont un peu rallantis; ils contrastent merveilleusement avec eux-memes.

L'amitié fait sur l'ame à peu prés la meme impression que la tendresse du sang. Elle doit etre traitée de meme, avec un peu moins de force et plus rarement.

L'amour de la vaine gloire ou la soif des louanges doit ceder, quand l'action est echauffée, à des passions plus interessantes et plus fertiles en mouvements pathetiques, surtout dans ceux par qui on veut exciter la terreur ou la pitié ; on peut laisser agir cette ambition dans ceux qui doivent preparer la catastrophe.

Dans la distribution des passions aux divers personnages, il faut en donner à ceux qu'on veut faire plaindre qui les rendent aimables dans leurs actions et excusables dans leurs foiblesses.

Il faut peindre puissants ceux qu'on veut rendre odieux et leur faire commettre les forfaits presque sans peine et sans remords.

Il faut enfin donner à tous les acteurs des mouvements et des inclinations differentes, ou, tout au moins, varier leurs caracteres et leurs situations à mesure qu'on est obligé de leurs donner des passions semblables.

SECTION QUATRIEME

DE L'ORDRE

Quatrieme moyen d'exciter la terreur et la pitié.

L'ordre ne produit point de pathetique, mais il le fait apercevoir et sentir. — Il semble dabord que l'ordre ne devroit pas être regardé comme un moyen d'exciter la terreur et l'amitié : les défauts de conduite, les fautes contre les unités, le manque de raport entre les scenes et les pensées, ne changent rien dans les caracteres, dans les mœurs ny dans les passions des personnages ; ces personnages n'en sont ny moins admirables ny moins à plaindre ; en quoy l'ordre sert-il donc à la terreur et à la pitié ? Le voicy. L'ordre n'excite point la terreur et la pitié, comme fait le pathetique ; il n'y prepare pas meme, comme font les caracteres et les passions : mais il decouvre, rend sensibles aux spectateurs la beauté des caracteres, les degrés des passions, le terrible ou le touchant qui resulte du feu de ces passions et de ces caracteres ; les personnages, il est vray, n'en sont ny plus admirables ny plus à plaindre, mais ils en sont plus admirés et plus plaints, parce qu'on voit mieux leurs vertus et leurs malheurs. Par exemple, la reconnoissance d'Oreste et d'Electre en elle même seroit egalement pathetique dans le premier acte que dans le quatrieme, parce que les memes mouvements de surprise et de tendresse y seroient excités dans les cœurs d'Oreste et d'Electre, mais elle ne le paroitroit pas tant, parce que le spectateur, ne sçachant encor qu'en partie et leurs malheurs et leurs sentimens, n'apercevroit aussi qu'en partie le pathetique de leur entrevue. Ainsy, quoy que l'ordre n'excite ny ne prepare la terreur et la pitié, il est pourtant absolument necessaire à ces passions puisque sans luy le pathetique ne s'apercevroit pas, ou ne s'apercevroit qu'en partie. Les deux premiers actes du *Radamiste* de M. Crebillon sont remplis d'idées veritablement tragiques; cependant ils languissent un peu de temps en temps, et pourquoy ? Parce qu'il y a trop peu d'ordre dans l'exposition de cette piece, parce que les choses ne se trouvant pas à leur place et les idées ne se succedant pas dans un ordre sensible, l'esprit s'epuise en quelque façon à les chercher, et manque aprés de force pour les saisir.

2. *Division de la section.* — L'ordre renferme tout ce qui concerne : 1º l'exposition, le nœud ou le denoüement ; 2º les trois unités de temps, de lieu et d'action ; 3º la place de certaines scenes, de certaines situations et de certaines idées, avec les rapports necessaires entre ces idées, ces scenes et ces situations.

Chapitre I.

DE L'EXPOSITION.

Division. — L'exposition doit etre entiere, courte, claire, interessante et vraysemblable.

2. *Ce que l'on doit entendre par une exposition entiere.* — Pour qu'elle soit entiere, elle doit instruire le spectateur du sujet et de ses principales circumstances, du lieu de la scene et meme de l'heure ou

commance l'action, du nom, de l'estat, du caractere et des interets de tous les principaux personages; par la on evite de suspendre l'action dans le cours de la tragedie par des recits hors de place; le spectateur, instruit de tout dans le premier acte, n'a plus dans les autres qu'à se livrer au plaisir de sentir; l'ame y peut en quelque façon abandonner l'esprit, qui n'a plus rien à apprendre, et descendre toute au cœur.

3. *L'exposition doit instruire du sujet et de ses principales circonstances.* — Voyons l'exposition d'*Athalie*; examinons dabort sy le sujet y est assez expliqué. Abner dit au grand prêtre :

> Seigneur, depuis deux jours la superbe Athalie,
> Dans un profond chagrin paroit ensevelie;
> Je l'observois hier, et je voyois ses yeux
> Lancer sur le lieu saint des regards furieux,
> Comme sy dans le fond de ce vaste Edifice,
> Dieu cachoit un vengeur armé pour son supplice.
> Croyez moy, plus j'y pense et moins je puis douter
> Que sur vous son courroux ne soit pret d'eclater,
> Et que de Jesabel la fille sanguinaire
> Ne vienne attaquer Dieu jusqu'en son sanctuaire.

4. *L'exposition doit indiquer le lieu de la scene et l'heure ou commence l'action.* — Voila tout le sujet indiqué : l'effroy d'Athalie, sa haine pour Joad, son impieté, son

audace, son irruption dans le temple et le miracle de son petit fils conservé dans ce temple pour la punir.

A la fin de la premiere scene, Joad dit à Abner, en le renvoyant :

Et du temple deja l'aube blanchit le faite.

Voila dans un seul vers et le lieu de la scene et l'heure ou commence l'action. Il est aisé, aprés ce vers, de s'apercevoir, dans le cours de la piece, si les unités de lieu et de temps sont bien gardées.

5. *L'exposition doit instruire le spectateur du nom, de l'estat, du caractere et des interets des principaux personnages.* — Quant au nom, à l'estat, aux caracteres et aux interets des principaux personnages, voyons s'ils sont bien marqués dans les portraits suivants.

Voicy celuy d'Athalie :

Huit ans deja passez, une impie etrangere,
Du sceptre de David usurpe tous les droits;
Se baigne impunement dans le sang de nos rois.
Des enfants de son fils detestable homicide,
Et meme contre Dieu leve son bras perfide.

Qu'auroit-il pû dire de plus dans quarante vers? Ce qu'il dit d'Abner est aussy ingenieux et aussy detaillé :

> Et vous, l'un des soutiens de ce tremblant Etat,
> Vous, nourry dans les camps du saint roy Josaphat,
> Qui sous son fils Joram commandiés nos armées,
> Qui rassurates seul nos villes allarmées,
> Lorsque d'Ochosias le trepas imprevû
> Dispersa tout son camp à l'aspect de Jehu, etc.

Abner dit au grand pretre :

> Des longtemps elle hait cette fermeté rare
> Qui rehausse en Joad l'eclat de la tiare ;
> Des longtemps vôtre amour pour la religion
> Est traitté de revolte et de sedition.

Voila en quatre vers le nom, le caractere, l'estat et les crimes pretendus de Joad :

> Du merite eclatant cette reine jalouse
> Hait surtout Josabet vôtre fidelle epouse ;
> Si du grand pretre Aaron Joad est successeur,
> De nôtre dernier roy Josabet est la sœur.

Ce qui est dit de Josabet n'est pas plus admirable que ce que Josabet dit de son neveu Joad en l'offrant à Dieu :

> Du fidelle David c'est le precieux reste,
> Nourry dans ta maison, en l'amour de ta loy,
> Il ne connoit encor d'autre pere que toy.

Il n'y a personne qui n'ait une idée plus entiere et plus distincte des mœurs, des interets et des passions de tous ces personnages par la simple exposition d'Athalie que par la lecture de l'histoire originale.

6. *L'exposition doit être courte.* — Cependant tout ce que je viens de citer ne contient que trente-neuf vers et se trouve dans une seule scene; Racine est comme ces grands peintres qui font sortir une tête avec quatre coups de pinceau. Cette brieveté d'exposition fait que l'action a une longueur plus raisonnable et qu'on ne perd pas à raconter un temps destiné à agir. Outre cela, le spectateur retient plus aisement ce qui est ramassé dans un petit nombre de mots que ce qui est repandu dans un amas de phrases inutiles.

J'aime, je viens chercher Hermione en ces lieux,
La flechir, l'enlever, ou mourir à ses yeux.

dit Oreste. Voila presque tout le sujet de l'*Andromaque*; ajoutés quelque chose à ces deux vers, vous affoiblirez l'impression qu'ils font sur l'ame. Une autre raison d'être court dans l'exposition, c'est l'impatience qu'a le spectateur de connoitre l'histoire et les malheurs de tous ceux qu'il vient pleurer.

Le sujet n'est jamais assez tôt expliqué, dit M. Despreaux. Ainsi, quoy que l'exposition doive être entiere, elle ne peut jamais etre assez courte.

7. *L'exposition doit surtout être claire.* — Il est encor plus necessaire qu'elle soit claire. Il vaudroit mieux qu'elle fut sans art que sy elle etoit obscure; et, comme dit le meme Depreaux, il vaudroit mieux

> Qu'un acteur commençat par decliner son nom,
> Et dit : Je suis Oreste, ou bien Agamennon;
> Que d'aller par un tas de confuses merveilles,
> Sans rien dire à l'esprit etourdir les oreilles.

Cette obscurité est le grand deffaut de Corneille le cadet et de tous les poëtes de nos jours. Elle nuit aussi à quelques pieces de Pierre Corneille, mais ce n'est ny à *Nicomede*, ny à *Polieucte*, ny aux *Horaces*, dont les expositions fairoient honneur à Racine ; c'est tout dire : Racine n'en a que de parfaittes. Celle de *Bajazet* est fameuse ; elle me paroit, cependant, bien au-dessous de celle d'*Athalie*; elle n'en a ny la force, ny la precision, ny la noblesse; tenons nous en donc à celle cy, et apres avoir montré qu'elle est entiere, courte et claire, montrons encor qu'elle est interessante et vraysemblable.

8. *L'exposition doit être interessante : elle le devient quand elle est faite par des personnages importans.* — Elle est interessante, en premier lieu, parce qu'elle est faitte par des personnages importans. On ecoute volontiers le chef des pretres reprochant au chef des gens de guerre sa nonchalance à punir une reine cruelle, etrangere, idolatre, homicide de ses enfants et de ses rois : la bonne volonté, les doutes, l'embarras du guerrier et l'intrepide sainteté du pontife jettent sur les deux caracteres quelque chose d'attirant et de nouveau qui fixe sur eux l'esprit du spectateur et qui fait saisir avidement tout ce qu'ils disent.

9. *Elle interesse surtout quand les recits sont animés par les mouvements.* — Mais ce qui attache encor plus, c'est que les recits sont animez par les mouvements. En parlant, ils paroissent agir au fond du cœur, tant ils sont remplis de leurs desseins. Quelle force, quel feu dans les exhortations de Joad à Abner! Il ne se contente pas de luy dire :

> Mais ce secret courroux,
> Cette oisive vertu, vous en contentés vous?
> La foy qui n'agit point, est-ce une foy sincere?

Il employe plus bas des tours et des expressions qui marquent encor mieux la violence de son zele et de ses projets.

> Je crains Dieu, dites vous, sa verité me touche..
> Voicy comme ce Dieu vous repond par ma bouche :
> Du zele de ma loy que sert de vous parer ?
> Par de steriles vœux pensés vous m'honnorer ?
> Quel fruit me revient il de tous vos sacrifices ?
> Ay je besoin du sang des boucs et des genisses ?
> Le sang de vos rois crie et n'est point ecouté.
> Rompez, rompez tout pacte avec l'impieté ;
> Du millieu de mon peuple exterminez les crimes,
> Et vous viendrés alors m'immoler des victimes.

Pour donner plus de force à ses raisons, il emprunte, en quelque façon, la voix de la Divinité : ce n'est pas lui qui parle à Abner, c'est Dieu. Il n'y a personne qui ne sente quelle difference il y a entre un pareil discours et les froides reflexions qu'un autre poëte auroit fait faire au grand pretre.

10. *Les images jettent dans l'exposition une chaleur qui la rend interessante. Excez à eviter en employant les images.* Personnages importants, recits animés par les passions, voila deux moyens de rendre l'exposition interessante. Un troisieme moyen, c'est d'y prodiguer les images : elles sont l'ame de toute poësie et elles plaisent partout; il faut seulement prendre garde, en les employant au commencement d'une tragedie, qu'elles ne soyent pas étrangeres

au sujet, mais qu'au contraire elles aident à le développer. C'est ainsi qu'elles sont employées dans l'admirable exposition qui nous fournit l'exemple de toutes les beautez possibles : Joad raffermit la foy d'Abner sur la suite predite des rois fils de David, qui paroit interrompuë, il raffermit, dis-je, la foy d'Abner en luy mettant sous les yeux, par les plus vives images, les propheties accomplies en leurs jours; or, cette foy d'Abner etoit necessaire aux efforts que le grand pretre en attendoit.

>Faut-il, Abner, faut-il vous rappeller le cours
>Des prodiges fameux accomplis en nos jours :
>Des tirans d'Israël les celebres disgraces,
>Et Dieu trouvé fidelle en toutes ses menaces ;
>L'impie Achab detruit, et de son sang trempé
>Le champ que par le meurtre il avoit usurpé ;
>Pres de ce champ fatal Jesabel immolée,
>Sous les pieds des chevaux cette reine foulée,
>Dans son sang inhumain les chiens desalterés,
>Et de son corps hideux les membres dechirés ;
>Des prophetes menteurs la troupe confondue,
>Et la flame du ciel sur l'autel descendue ;
>Elie aux elements parlant en souverain,
>Les cieux par luy fermez et devenus d'airain,
>Et la terre trois ans sans pluye et sans rozée;
>Les morts se ranimants à la voix d'Elizée.
>Reconnoissez, Abner, à ces traits eclatans,
>Un Dieu, tel aujourd'huy qu'il fut dans tous les temps.
>Il peut, quand il luy plait, faire eclater sa gloire,
>Et son peuple est toujours present à sa memoire.

Que peut'on voir de plus poëtique et de plus frapant que ces images?

11. *L'exposition doit etre vraysemblable dans son commencement et dans sa suite.* — La vraysemblance acheve de faire de cette scene d'exposition un chef-d'œuvre inimitable. Joad et Abner, qui instruisent si parfaitement les spectateurs, ne disent pourtant pas un mot qui ne soit la suite necessaire de ce qui le precede. Abner vient au temple un jour de fete, il ny trouve presque personne : n'est-il pas vraysemblable que, pieux comme il est, il en temoigne sa douleur au grand pretre? Il rapelle en soupirant les temps heureux de Sion, et il les compare avec l'abomination presente. Le grand pretre, qui a dans l'esprit le grand ouvrage de la proclamation de Joas, est ravi de trouver le plus brave des Hebreux dans de si heureuses dispositions; il loue sa pieté, il condamne sa nonchalance, il anime sa foy; ils fremissent l'un l'autre en songeant aux crimes et aux malheurs de leurs rois et de leur païs; ils en detestent les instrumens dans Athalie et dans Mathan; ils se quittent enfin, dans le dessein de se revoir bien tost et d'achever de s'instruire mutuellement de leurs secrets et de leurs sentiments. Racine a trouvé par la un moyen de nous apprendre

le nom, l'estat, le caractere, l'histoire et les interets de tous ces personnages sans qu'il paroisse y avoir songé. Cela ne se peut pas bien sentir dans ma dissertation; c'est, selon M. l'abbé Dubos, un sublime de rapport qui ne peut pas se deplacer, et qu'on ne voit parfaitement qu'en lisant la piece.

12. *Recapitulation.* — Voilà toutes les beautez de l'exposition: portraits nombreux et achevés, action bien developpée, le lieu et l'heure de cette action marquez, briefveté, clarté, personnages importants, recits animés par des mouvements, images nombreuses et assorties au sujet, vray semblance dans le tout et dans les parties, voilà ce qui se trouve à la fois dans l'exposition de *l'Athalie*, voilà peut etre ce qui ne se trouve à la fois que dans l'exposition de *l'Athalie*.

Chapitre II

DU NŒUD.

Definition. — Le nœud, selon Aristote et Corneille (au troisieme discours sur les unités) *est composé en partie de ce qui s'est passé hors du theatre avant le commencement de l'action qu'on y decrit et en partie de ce qui s'y passe : le reste appartient au denoüement.* Mais cette definition n'est point claire, et d'ailleurs elle ne me paroit pas exacte : ne conviendroit elle pas mieux à l'exposition qu'au nœud? Il me semble qu'on doit entendre par le nœud les evenements particuliers qui, en melant et en changeant les interets et les passions, prolongent l'action et eloignent l'evenement principal.

Exemple :

Les Romains que j'attends arriveront trop tard.

Dire icy que le principal evenement tragique doit etre indiqué, et indiqué de façon qu'on commence à trembler et à fremir dés le commencement du nœud, de peur que la tragedie ne commence qu'au cinquieme acte, comme dans *Mahomet.*

Ces evenements particuliers doivent etre vray semblables, et autant qu'on peut ils doivent etre aussi des suites naturelles des passions, des caracteres et des interets des personnages.

Il est avantageux de pouvoir les mettre en action et non pas en recit; mais il faut surtout qu'ils soient d'une espece a augmenter de plus en plus la terreur à mesure qu'on approche du denoûement.

Pour etre vray semblables, ils doivent ne presenter rien à l'esprit du spectateur qui ne puisse etre crû sans peine : on ne croit pas volontiers ce qui ne peut arriver que par un concours presque impossible de mille circumstances necessaires, de sorte que le possible n'est pas toujours vray semblable; par exemple, il est possible de lever une armée et de la mener au combat dans le meme jour, mais il n'est pas vray semblable que cela arrive; il n'est pas vray semblable non plus qu'une passion soit portée à l'excez dès sa naissance, quoy qu'absolument cela puisse arriver; bien plus, des evenements très vray semblables chacun en particulier cessent de le paroitre en general, quand ils se trouvent en trop grand nombre, et cela parce qu'il n'y a plus d'heureuse illusion dez qu'on ne voit pas les choses arriver dans l'ordre ordinaire et qu'on aperçoit trop l'imagination du poëte. Ainsi, que ce que vous faites arriver sur la scene arrive tous les jours dans le monde, que les evenements particuliers n'y soyent ny trop pressés ny trop multipliez.

2. *Les evenements particuliers qui composent le nœud doivent etre des suites vray*

semblables des passions et des caracteres. — Mais surtout que, s'il se peut, ils soient une suite necessaire du caractere, des passions et des interets de vos personnages : il n'y a pas beaucoup d'art, quand on ne sçait comment soutenir l'action, de faire arriver des armées ennemies et d'envoyer les acteurs à la guerre, pour avoir ensuite de quoy remplir un acte par la description de leurs hauts faits. Quel rapport, bon Dieu! entre l'arrivée, les combats des Maures et les malheurs de Rodrigue et de Chimene? Ces Maures, ces combats, qu'ajoutent'ils au pathetique? Ce n'est pas là noüer l'action, c'est l'alonger ridiculement. Il y a bien plus d'artifice et de beauté dans le nœud de Cinna : Cinna et Maxime conspirent contre Auguste ; ils luy ont tous les deux les plus grandes obligations, tous les deux sont ambitieux, tous les deux amoureux d'Emilie ; Cinna est aimé, Maxime cache ses feux : voilà leur etat et leurs situations, voilà ce que fait d'abord connoitre l'exposition. Voicy maintenant le nœud : Auguste leur ouvre son cœur; Maxime, touché, veut l'epargner; Cinna, pour servir la haine d'Emilie, persiste dans le dessein de l'assassiner; Maxime vient à connoitre les raisons de la dureté de son compagnon ; il decouvre qu'il est aimé d'Emilie; de desespoir, il trahit son amy et sa maitresse, il revele la conspiration. Ce qui suit est du denoüement, mais tout ce que je viens de dire, qui remplit l'action et en fait le nœud, est une suite vray semblable des passions et des interets des personnages; tout cela est pris *ex visceribus causæ*, du fond du sujet.

3. *Il ne faut mettre en recit que ce qu'on ne peut pas mettre en action.* — C'est icy le lieu de placer cette importante leçon de ne mettre en recit que ce que l'on ne peut pas mettre en action; on ne peut trop se ressouvenir que la tragedie est la representation des actions des hommes, et qu'une tragedie qui raconte trop est plutost une histoire qu'une representation; on souffre les recits necessaires à l'intelligence ou au pathetique de l'action, mais l'action et ses principales circumstances doivent être representées, non pas racontées. Il faut pourtant ne rien offrir aux yeux qui puisse nuire à l'illusion par l'impossibilité d'une representation exacte, comme des sieges, des armées, des assemblées de peuple, etc.; le gout du siecle ne permet pas non plus qu'on montre sur le theatre des corps morts, des hommes dechirés, ny qu'un acteur y en tue un autre. Tout cet article se

rapporte autant à la catastrophe qu'au nœud.

4. *Le pathetique doit augmenter à mesure qu'on approche du denoüement.* — Ce qui me reste à dire d'essentiel sur le nœud, c'est que les situations et les pensées y doivent etre distribuées de façon que le tragique augmente toujours davantage à mesure que le denoüement approche; l'ame, fortement emue dans le troisieme acte, ne seroit plus sensible, dans le quatrieme, à des mouvements mediocres. Pour augmenter, ou tout au moins pour soutenir cette premiere chaleur, il faut donc que les evenements particuliers soyent placez plus ou moins près de l'evenement principal ou de la catastrophe, selon qu'ils sont plus ou moins propres à produire des pensées et des situations pathetiques.

5. *Recapitulation.*—Nous avons vû outre cela qu'ils doivent etre vray semblables et des suites naturelles des caracteres et des interets des personnages; nous avons vû encore qu'ils doivent etre traittez en action autant qu'on peut, et qu'ils composent ensemble le nœud, ou la seconde partie de l'action. Passons maintenant à la derniere, qui est le denoüement.

Chapitre III.

DU DENOUEMENT
et
DE LA CATASTROPHE.

Definition. — Le changement d'une fortune (Corneille, discours troisieme sur les trois unités) en l'autre, pour le principal ou pour les principaux acteurs, separe le nœud du denoûement. Tout ce qui precede ce changement est le nœud, et ce changement, avec ce qui le suit, est le denoûement.

2. *Difference entre le denoûement et la catastrophe.* — La catastrophe, qu'on confond ordinairement avec le denoûement, n'en est pourtant tres souvent qu'une partie, ou, sy l'on veut, qu'une suite ; la reconnoissance d'Œdipe change sa fortune et fait le denoûement de la tragedie, mais c'est la mort de Jocaste, c'est le desespoir et l'exil d'Œdipe qui en sont la catastrophe. Lorsque Mithridate compte d'epouser par force sa maitresse et de perdre ses deux fils, qui

sont ses rivaux, on vient l'avertir que le rivage est chargé de Romains, que ses deux fils se sont jettez parmy ses soldats revoltez et qu'il va etre assiegé dans son palais. Voilà le changement de fortune, voilà le denoüement; mais la catastrophe ne commence pour le spectateur qu'au recit de la mort prochaine de ce roy.

3. *Le denoüement ne doit jamais se faire avant la fin du quatrieme acte.* — Ce changement de fortune, qu'on appelle denoüement, ne doit point se faire, ou pour mieux dire se commencer avant la fin du quatrieme acte; s'il se faisoit plustost, le spectateur se lasseroit d'attendre pendant plus d'un acte la catastrophe, qui ne doit arriver qu'à la fin du troisieme; le vif interet qu'on a pris, dans le cours de l'action, pour les principaux acteurs, fait desirer avec ardeur d'etre eclaircy de leurs sorts; dez que l'intrigue se denoüe, on ne peut plus souffrir tout ce qui ne repond pas à cette impatience; il est vray qu'un retardement de quelques scenes ne fait que l'irriter, mais ces scenes ne doivent jamais faire plus d'un acte, et meme, pour pouvoir remplir un acte sans ennuyer, il faut qu'elles separent le denoüement de la catastrophe par des catastrophes apparentes, c'est-à-dire par des denoüements

successifs, qui paroissent à chaque moment finir l'action. Voyez l'*Electre* de Crebillon : Oreste vient raconter sur le theatre qu'il a tué Egiste, vengé son pere, recouvré ses Etats, sans verser d'autre sang que celuy de son ennemi. Il en rend graces aux dieux et il paroit vouloir quitter le lieu de la scene ; le partere croit l'action finie, lorsque Electre et Palamede viennent annoncer la mort de Cliptemnestre, poignardée par son fils, qui croyoit n'avoir percé qu'Egiste. On peut ainsy, d'erreurs en erreurs, mener sans ennuy le spectateur du denoûement à la catastrophe à travers un acte tout entier.

4. *Fausses catastrophes ; de quelle façon il faut les employer.* — Il faut, autant qu'on peut, que ces fausses catastrophes soyent heureuses, quand la veritable doit estre malheureuse, et malheureuses, quand la veritable doit etre heureuse. Par là, on varie les mouvements, et en poussant rapidement l'ame de l'espoir à la terreur, ou de la terreur à la joye, on l'affecte, on la remplit en peu de moments de deux fortes passions rendues encor plus vives par leurs oppositions : elle en est toute occupée ; elle sent, elle vit de toute son etendue ; elle est heureuse. Voilà l'effet des fausses catastrophes employées avec art : elles sont le corps du

denoüement, et sont des denoüements momentanés, puisqu'ils changent pour quelque temps la fortune des acteurs.

5. *Le denoüement et les fausses catastrophes ne doivent point arriver par un simple changement de volonté.* — Ces changements de fortune, quels qu'ils soyent, ces denoüements vrays ou momentanés ne doivent point se faire par un simple changement de volonté, et, comme dit Corneille (*troisieme discours sur les trois unités*), il n'y a pas grand artifice à finir un poëme quand celuy qui a mis obstacle aux desseins des premiers acteurs durant quatre actes s'en desiste au cinquieme, sans aucun evenement notable qui l'y oblige.

6. *La machine et les miracles n'ont pas plus de vray semblance que les simples changements de volonté.* — La machine n'a pas plus d'adresse, dit le meme Corneille, quand elle ne sert qu'à faire descendre un dieu pour accomoder toutes choses, sur le point que les acteurs ne sçavent plus comment les terminer. Au reste, que les dieux parlent du haut d'une machine ou par la bouche de leurs pretres, c'est à peu près la meme chose, dez que leur intervention n'a d'autre raison que l'embarras du poëte.

L'amour d'Achille, dans l'*Iphigenie* de Racine, a obligé ce grand homme de tomber dans un grand inconvenient : pour pouvoir immoler cette princesse, il falloit faire perir son amant; pour que son amant la sauvat, il falloit qu'il vainquit seul toute l'armée : ny l'une ny l'autre de ces deux fictions n'auroit esté supportable. Il falloit pourtant finir la piece : le genie du grand Racine ne luy suffit plus, il appelle les dieux à son secours, il les fait renoncer, par la bouche de Calcas, au sang de la fille d'Agamemnon. N'est-ce pas au pied de la lettre faire descendre un dieu pour terminer toutes choses, quand les acteurs ne sçavent plus comment les terminer?

7. *Tout ce qui arrive depuis le denoüement jusqu'à la catastrophe doit etre preparé et comme indiqué dans le nœud.* — Tous les changements de fortune qui font ou qui contiennent le denoüement doivent etre des suites non-seulement possibles, mais encor vray semblables de l'arrengement du sujet et des passions des acteurs. Toutes les choses extraordinaires, comme des armées qui arrivent, des peuples revoltez, des morts imprevues, etc., produisent des denoüements forcez et sans genie, lorsque ces armées, ces revoltes, ces morts n'ont

pas esté préparées et comme amenées par le nœud.

8. *La catastrophe doit finir absolument la piece.* — Quant à la derniere ou veritable catastrophe qui acheve le denouement, elle né peut pas arriver trop tard, parce qu'au moment qu'on en est instruit, la piece est finie; tout ce qu'on peut dire après ennuye; dez qu'on scait la mort de Britannicus et la retraite de Junie dans les Vestales, on scait tout ce qui interessoit; on ne se soucie guere d'entendre ce qu'en diront Burrhus et Agripine; on se soucie encor moins de sçavoir que Nerom a des remords :

> Et qu'on craint, si la nuit jointe à la solitude,
> Vient de son desespoir aigrir l'inquietude,
> S'il est abandonné plus longtemps sans secours,
> Que luy meme bientost n'attente sur ses jours.

Je ne scais si la fin de cet acte ne peut pas avoir contribué au mauvais succès qu'eut d'abord Britannicus.

9. *Raisons de ne plus mettre de recits apres celuy de la catastrophe.* — D'ailleurs, l'attention qu'on est obligé de donner à ces recits indifferents fait violence à l'ame; elle ne se porte à l'esprit qu'avec peine quand la terreur ou la pitié l'attachent au cœur. Bien plus, il n'est pas possible de raconter

alors des faits un peu multipliez, sans qu'ils diminuent l'effet du pathetique ; les passions etant portées au comble, l'ame a besoin de toute sa chaleur pour se preter à leurs secousses, et il faut bien se garder d'affoiblir sa capacité en la partageant.

10. *Il y a des pieces ou la catastrophe se confond presque avec le denouement.* — Il y a des pieces ou la catastrophe suit de si prés le denouement, qu'on peut dire que l'un est confondu dans l'autre. Athalie nous en fournit l'exemple : sa mort, qui fait la catastrophe, arrive un instant apres son entrée dans le temple ; cette entrée au temple avoit fait le denouement ou le changement de sa fortune, en la livrant à ses ennemis qu'elle venoit d'opprimer.

Il y a des pieces ou il n'y a point de changement de fortune, ou dans lesquelles elle se fait avant le quatrieme acte.

11. *Les catastrophes confondues avec le denouement sont les plus vives.* — De toutes les façons de finir une tragedie, voila la plus vive et la plus interessante : l'esprit y voit d'un seul regard et le cœur y sent dans un seul instant tout ce que les idées peuvent avoir de merveilleux et les passions de pathetique, surtout quand on scait fondre en peu de mots, dans l'evenement essentiel,

les evenements moins considerables qui achevent pourtant l'action. Voyons les vers suivants :

> Tes yeux cherchent en vain, tu ne peux echaper,
> Et Dieu de toutes parts a sçu t'envelopper.
> Connois tu l'heritier du plus saint des monarques
> Reine, de ton poignard connois du moins tes marques :
> Voila ton fils, ton roy, le fils d'Okosias.
> Peuples, et vous Abner, reconnoissez Joas.

Voila ce que le grand pretre dit à Athalie, qui se voit environnée de gens armés; voila pour elle le changement de fortune; voila le denoüement. Il n'est separé de la catastrophe que par le recit de ce qui se passe hors du temple, recit pourtant necessaire pour finir l'action; voyez comme il est pressé et comme il augmente la terreur par l'effroy qu'il donne à Athalie. Un pretre entre sur la scene et dit à Joad :

> Seigneur, le Temple est libre et n'a plus d'ennemis :
> L'étranger est en fuite, et le Juif est soumis.
> Comme le vent dans l'air dissipe la fumée,
> La voix du tout puissant a chassé cette armée.
> Tous chantent de David le fils ressuscité.
> Baal est en horreur dans la sainte cité :
> De son temple prophane on a brisé les portes.
> Mathan est égorgé.

ATHALIE.
> Dieu des Juifs, tu l'emportes!

Elle continue de blasphemer; Joad ordonne qu'on aille l'egorger aux portes du temple. Voila la catastrophe, qui, comme l'on voit, n'est separée du denoüement que par une quinsaine de vers qui achevent l'action en melant adroitement et en peu de mots, à l'evenement essentiel, qui est la mort d'Athalie, les evenements moins considerables, tels que la docilité et la joye du peuple, la destruction du temple de Baal et la mort de Mathan.

Chapitre IV.

DES TROIS UNITÉZ DE LIEU, DE TEMPS ET D'ACTION.

Unité de lieu. — L'unité de lieu contribue à exciter les passions, en ce qu'elle rend l'action plus frappante par le vray d'une representation renfermée dans un lieu qui ne varie point. Cependant les fauttes contre cette regle ne diminuent guere l'effet d'une piece pathetique, à moins qu'elle ne soyent excessives, et je pense qu'il ny a point de pieces de

Racine et de Corneille ou d'habilles gens n'en trouvassent.

2. *Unité de temps.* — L'unité de temps est si aisée à garder qu'il ny a presque point de poete qui ne sy asservisse, sy l'on entend par l'unité de temps la durée de toute l'action renfermée dans l'espace de vingt quatre heures. Mais on manque souvent de donner à chaque evenement particulier une durée vray semblable; on oublie surtout de mettre un assez long espace entre l'idée et l'execution du projet. Quand l'entr'acte se trouve entre deux, c'est à merveille, parce qu'il est supposé durer le temps qu'on veut; mais quand il ny a que des scenes continues, il faut proportionner leur durée à la qualité des evenements.

3. *L'unité d'action la plus essentielle de toutes.* — La troisieme unité, qui est celle d'action, est aussi essentielle que les autres le sont peu; dez qu'il y a deux actions, l'une distrait de l'autre : l'ame, qui n'a point assez de capacité pour embrasser vivement deux objets separez, les saisit languissamment et comme à demy. Il est vray qu'une seule action fournit à des passions differentes; le cœur s'y prete à plusieurs mouvements dans le meme instant et par la meme operation; mais ces differents mouvements, ces

differentes passions, étant l'effet d'une seule action, sont tous réunis et attachez à une seule et principale passion, à un seul et principal mouvement; l'esprit et le cœur se fixent à un seul point, à un seul objet, où viennent aboutir tous les autres. Ainsy, quand dans la derniere scene de *Rodogune* cette princesse inspire de la pitié, Cleopatre de l'horreur et Antiochus de la terreur, c'est dans le cœur d'Antiochus qu'on prend ces differents mouvements; c'est au seul Antiochus qu'on s'interesse reellement; on ne sent pour les autres que ce qu'Antiochus sent pour eux. Mais quand les differentes passions viennent de deux actions differentes, elles n'ont rien qui les lie, rien qui les offre à l'ame assez rapprochées pour etre bien saizies et senties à la fois.

4. *L'episode est la pire des inutilitez.* — J'ay deja dit ailleurs que le grand Racine a mis trop d'episodes dans ses pieces; quelque habilement qu'ils soient liés au sujet, ce sont toujours des episodes, c'est à dire des actions etrangeres. L'Aricie de *Phedre* y jette un froid etonnant, malgré les choses touchantes qu'elle dit. Effrayé, transporté, rempli de crainte et de terreur avec Phedre, puis-je me pretter aux epanchemens, aux timides transports, ny meme

aux malheurs de deux autres amans? Je hasarderay icy une conjecture.

5. *Par quelle raison Racine a mis des episodes dans presque toutes ses tragedies.* — Racine sentoit que l'amour de stile, l'amour à la françoise, n'avoit ny assez de force ny assez de noblesse pour soutenir une tragedie; il sentoit aussy que cet amour theatral, cet amour passion des anciens, n'attireroit pas beaucoup de suffrages dans une cour galante : quel party prit-il pour faire des pieces essentiellement bonnes? Il remplit son action principale d'un amour veritablement tragique ou de quelqu'autre forte passion; et, pour satisfaire le goût des dames, il joignit à son sujet principal des personnages episodiques qui soupiroient des sermens et qui faisoient parler à l'amour le langage de la galanterie. Antiochus, Athalide, Aricie et Xiphonès sont plustost des heros de tournois que des personnages tragiques. C'est cependant par ces élegies deplacées que quelques-uns preferent Racine à Corneille : façon bizarre de louer un sy grand homme par l'endroit qui le mettoit au dessous du grand.

6. *Deux actions liées ensemble sont plus supportables que deux actions qui se succedent.* — L'episode, ou l'action etrangere

liée et continuée avec l'action principale, n'est pas la plus grande faute contre l'unité d'action ; il est bien pire de mettre deux actions qui se succedent et dont l'une commence quand l'autre finit : comme dans *Horace,* où les Curiaces et Camille meurent au troisieme acte et où le reste est une seconde tragedie dont le sujet est de sauver Horace de la peine imposée au fratricide. On voit la meme chose dans *Pompée :* ce heros meurt au second acte; le principal evenement est arrivé ; la piece est finie ; on en recommence une autre où il ne s'agit que de le venger. Tout le monde sent combien de pareilles irregularitez diminuent l'emotion ; ces actions, retrecies l'une par l'autre, n'ont plus l'etendue necessaire pour bien exprimer les passions. Il falloit tout le genie de Corneille pour plaire et pour toucher dans une piece aussi mal construite que *Pompée.*

7. *Trop d'evenements retrecissent l'action principale.* — Une autre façon de retrecir l'action principale, c'est de la noyer dans trop d'evenemens. Je connois une piece moderne (le *Gustave* de M. Pirron) assez estimée, où il se trouve trois batailles dans un seul entr'acte; l'acte qui suit est tout employé à en faire la narration ; il est ôté,

par consequent, de l'action, et l'action se trouve par là retrecie et reduite à un acte de moins. Quel etoit le genie de Sophocle ! Avec trois (Philoctete, Ulisse, Pirrhus) personnages, sans femmes, sans confidents, sans evenements etrangers, il soutient l'action pendant cinq actes, dans une de ses plus belles pièces (le *Philoctete*), où il ne s'agist que de mener à Troye Philoctete le possesseur des fleches d'Hercule.

Chapitre V.

DE LA PLACE DE CERTAINES PENSÉES, DE CERTAINES SCENES ET DE CERTAINES SITUATIONS,

DES RAPPORTS NECESSAIRES ENTRE CES PENSÉES, CES SCENES ET CES SITUATIONS.

Le *rapport harmonique des choses est ce qu'on appelle le je ne sçay quoy.* — C'est dans cette piece, que M. de Fenelon a daigné adopter toute entiere dans son inconparable ouvrage, que l'on trouve la proportion entre les actes et les scenes ; le rapport harmonique entre les idées, les passions et les situations, dont nous avons parlé (Chap. II, art. 15) dans la troisieme section. Cet ordre divin est la principale source des graces cachées, des beautés de sentiment, qu'on appelle le je ne sçay quoy ; beautés de Sophocle, beautés rares, que l'esprit ne connoît point et qui appartiennent au seul genie ; beautez que les critiques sentent rarement et que le public prefere par instint à toutes les autres.

2. *Différence qu'il y a entre ces rapports cachez, cet ordre du cœur, et l'ordre ordinaire, ou la suite vraysemblable des choses. Raison de juger par sentiment.* — Il ne faut pas confondre ces rapports cachez, cet ordre imperceptible qu'on sent plustost qu'on ne le voit, avec l'ordre ordinaire ou la suite vraysemblable des choses ; ce dernier est le fruit de l'attention ; l'autre est l'effect d'un genie immense et d'un sentiment exquis. Bien des gens, à force de travail, peuvent conduire une piece avec beaucoup de clarté et de vraysemblance ; mais peu d'hommes voyent entre deux idées pathetiques la moitié des rapports que Sophocle y a vu. En un mot, l'ordre dont je vai parler dans ce chapitre est un ordre pour le cœur, plus tost que

pour l'esprit; aussi trouvay-je qu'il est plus aisé de le sentir que de montrer en quoy il consiste.

Cependant je vais risquer quelques refflexions : je les ai faites en m'obstinant à chercher les causes de mon ravissement dans les pieces ou d'abord mon esprit n'apercevoit pas de grandes beautez. A force de relire et de mediter les endroits ou je me trouvois emu par des choses communes, je m'apercevois que c'etoit moins ces choses qui me remuoient que leur rapport harmonique avec tout le pathetique de la piece. Je decouvrois que le morceau qui m'enchantoit devoit ses charmes à l'union des vingt morceaux touchants qu'il rappelloit dans mon esprit par une liaison vive et naturelle. Dans tout autre acte, dans toute autre scene, precedé ou suivi de toute autre idée, ce morceau m'auroit peut-être ennuyé, parce que la même liaison, les mêmes rapports ne s'y trouvant plus, il n'auroit pas ajouté à sa beauté intrinseque les diverses beautés des idées accessoires qu'il reveillait.

3. *Div. du chap.* — Il y a donc une place ou certaines pensées, certaines scenes et certaines situations multiplient les idées pathetiques, en renouvellant les unes par les autres.

4. *Quelle doit être la place de certaines pensées.* — Mais c'est peu de la sentir, il faut tacher de la connoître, cette place de chaque chose. Commençons par examiner quelle doit être celle des différentes pensées.

5. *Div. de l'art. 1, ou des pensées.* — On peut comprendre sous le nom de pensées : 1º les sentences ou moralitez mises en these generale; 2º les refflexions particulieres et reduites à l'hipothese; 3º les simples idées.

6. *Des divers endroits où l'on peut mettre des sentences.* — Les sentences ou moralitez ont beaucoup de force dans l'exposition et partout ailleurs, quand, pour montrer qu'on doit attendre telle ou telle action d'un personnage, on établit par une maxime generale les suites ordinaires du caractere ou des passions de ce personnage.

* Examinez ma vie, et voyez qui je suis.
Quelque crime toujours precede les grands crimes :
Quiconque a pû franchir les bornes legitimes,
Peut violer un jour les droits les plus sacrez.
Ainsi que la vertu, le crime a ses degrez,
Et l'on n'a jamais vû la timide innocence
Passer subitement à l'extreme licence.
Un seul jour ne fait pas d'un mortel vertueux
Un perfide assassin, un lache incestueux.

* Racine dans *Phèdre*, acte 4e, scène 2e.

Ces memes sentences ont beaucoup de grace, dit Corneille (au *premier discours sur la Tragedie*) dans les deliberations d'État, où un homme d'importance, consulté par un roy, s'explique de sens rassis.

* Seigneur, quand par le fer les choses sont vuidées,
La justice et le droit sont de vaines idées.
Et qui veut etre juste en pareilles saisons,
Balance le pouvoir, et non pas les raisons.

Elles font aussi à merveille quand elles ramassent dans peu de mots, à la fin de la piece, et l'action et la fabulation ou moralité.

** Thebains, voyez cet Œdipe qui expliquoit les oracles, qui se faisoit adorer par ses vertus et qui ne devoit sa couronne qu'à luy meme ; voyez le : il est abimé dans ses malheurs epouvantables. Nul mortel ne doit etre appelé heureux, tant qu'il vit.

On peut, meme dans la passion, etendre une refflexion de l'hipothese à la these generale ; mais il faut que ce soit moins pour raisonner que pour exprimer quelque mouvement de cette passion (Rac., dans *Phedre*,

---

* Photin parle ainsi à Ptholomée dans le *Pompée* de Corneille.
** Sophocle, *Œdipe*, acte 5ᵉ, scene derniere.

ac. 4°, sc. 5). Thesée, voulant dire à son fils qu'il est un parjure, s'exprime ainsi :

Toujours les scelerats ont recours au parjure.

Par cette generalité il montre mieux sa colere et son mepris que par une injure personnelle. C'est comme s'il disoit à Hippolyte que non seulement il est parjure, mais qu'il est sy mechant que le parjure n'a plus rien d'effrayant pour luy.

7. *Des divers endroits ou les sentences et discours generaux refroidissent l'action.* — Dans tout autre cas, les discours generaux sont trop froids et ont un air trop pensé, pour convenir au stile de la passion : un homme agité de crainte ou de terreur n'a ny le loisir de les dire ny celui de les entendre.

Bien plus, dez que l'action est echauffée, ny eut'il sur la scene que des personnages sans emotion, ces discours generaux ennuyent le spectateur, pour peu qu'on les multiplie. Ce spectateur ne veut plus moraliser dez qu'il s'est senti remuer par la chaleur de l'action.

Des sentences ou moralitez generales passons aux refflexions particulieres et reduites à l'hipothese.

8. *Div. de l'art. 2, ou des refflexions.* — Ces refflexions se divisent en refflexions raisonnées et en refflexions pathetiques.

9. *Ce que l'on entend par refflexions raisonnées et dans quels endroits il faut les placer.* — Les refflexions raisonnées sont celles que l'on fait tranquilement et avec ordre sur une affaire d'Etat, sur la convenance de la guerre ou de la paix ; on en fait aussi sur les caracteres, sur les passions, sur les situations des personnages, pour tacher de decouvrir leurs vûes et de prevoir leurs actions.

Elles sont necessaires dans les scenes d'exposition pour developper insensiblement aux yeux des spectateurs les interets et les passions.

Elles composent les scenes à fauteuil, qui ne sont ordinairement que des refflexions multipliées et liées avec quelques faits qui ont rapport à l'action. Voyez les premieres scenes du 3ᵉ acte de *Mitridate,* du 2ᵉ acte de *Cinna,* du 4ᵉ acte de *Sertorius.*

On peut aussi les mettre dans les scenes de passion ; mais il faut que le genie politique et meditatif des personnages rende vraysemblable le melange des mouvements et des raisonnements : tel est le genie de Mitridate, tel est celuy d'Agrippine.

Il faut, outre cela, que les passions de ces personnages fassent partie de leurs caracteres, c'est à dire qu'elles soient ou nées avec eux, ou fortifiées par une longue habitude, comme la haine d'Atrée et l'ambition d'Agamemnon. Alors, l'ame, familiarisée avec elles, en est moins pressée, moins éblouie, et peut se preter à quelques refflexions suivies.

10. *Ce que l'on entend par refflexions pathetiques et dans quels endroits il faut les placer.* — Mais quand le cœur est remué par des passions nouvelles, quand les personnages sont d'un age, d'un sexe ou d'un caractere plus propres à sentir qu'à penser, enfin quand les seccousses sont bien violentes, dans quelque homme que ce soit, il ne faut plus des refflexions raisonnées, c'est-à-dire où les idées soient liées par la raison; il faut des refflexions pathetiques, c'est à dire qui portent uniquement sur le terrible ou sur le touchant des situations où l'esprit coure rapidement de l'avenir au passé, du passé à l'avenir, au present, sans autre ordre que celuy de la succession des mouvements. Ces mouvements excitent une foule d'idées dont tous les rapports ne consistent qu'à caracteriser ensemble une telle passion, ou le melange et le contraste de

telles et de telles passions. Ecoutons Phedre quand elle se souvient qu'elle a perdu sa vertu, trahi son epoux, deshonnoré son amant, et qu'elle pense que cet amant la meprise, l'abhorre et en adore une autre :

Tout ce que j'ay souffert, mes craintes, mes transports,
La fureur de mes feux, l'horreur de mes remords,
Et d'un refus cruel l'insupportable injure
N'etoit qu'un faible essay du tourment que j'endure.
Ils s'aiment! Par quel charme ont ils trompé mes yeux?
Comment se sont ils vus? depuis quand? dans quels lieux?
Tu le scavois: pourquoy me laissois tu seduire?
De leur furtive ardeur ne pouvois tu m'instruire?
Les a t'on vu souvent se parler? se chercher?
Dans les fonds des forets alloient ils se cacher?
Helas! ils se voyoient avec pleine licence.
Le ciel de leurs soupirs approuvoit l'innocence.
Ils suivoient sans remords leur penchant amoureux.
Tous les jours se levoient clairs et sereins pour eux.
Et moy triste rebut de la nature entiere,
Je me cachois au jour, je fuyois la lumiere.
La mort est le seul Dieu que j'osois implorer

Non, je ne puis souffrir un bonheur qui m'outrage,
Œnone. Prends pitié de ma jalouse rage.
Il faut perdre Aricie. Il faut de mon epoux
Contre un sang odieux reveiller le courroux.
Qu'il ne se borne pas à des peines legeres.
Le crime de la sœur passe celuy des freres.
Dans mes jaloux transports je le veux implorer.
Que fais je? où ma raison se va-t elle egarer?
Moi jalouse! et Thesée est celui que j'implore!
Mon epoux est vivant, et moi je brûle encore!

Pour qui ? quel est le cœur ou pretendent mes vœux ?
Chaque mot sur mon front fait dresser mes cheveux.
Mes crimes desormais ont comblé la mesure.
Je respire à la fois l'inceste et l'imposture.
Mes homicides mains, promtes à me venger,
Dans le sang innocent brûlent de se plonger,
Miserable ! et je vis ? et je soutiens la vûe
De ce sacré soleil dont je suis descendue ?
J'ay pour ayeul le pere et le maître des Dieux.
Le ciel, tout l'univers est plein de mes ayeux.
Où me cacher ? Fuyons dans la nuit infernale...
Mais que dis je ? mon pere y tient l'urne fatale.
Le sort, dit on, l'a mise en ses severes mains.
Minos juge aux enfers tous les pales humains.
Ah ! combien fremira son ombre epouvantée,
Lors qu'il verra sa fille a ses yeux presentée,
Contrainte d'avouer tant de forfaits divers,
Et des crimes peut etre inconnus aux enfers.
Que diras-tu, mon pere, à ce spectacle horrible ?
Je crois voir de ta main tomber l'urne terrible,
Je crois te voir cherchant un supplice nouveau,
Toy-meme de ton sang devenir le bourreau.
Pardonne. Un Dieu cruel a perdu ta famille.
Reconnois sa vengeance aux fureurs de sa fille.
Helas ! du crime affreux dont la honte me suit,
Jamais mon triste cœur n'a recueilli le fruit.
Jusqu'au dernier soupir de malheurs poursuivie,
Je rends dans les tourments une penible vie.

ŒNONE.

He ! repoussez, madame, une injuste terreur.
Regardez d'un autre œil une excusable erreur.

PHEDRE.

Malheureuse ! voila comme tu m'as perduë,
Au jour que je fuyois c'est toi qui m'as rendue.

Tes prieres m'ont fait oublier mon devoir.
J'evitois Hippolyte, et tu me l'as fait voir.
De quoy te chargeois-tu? pourquoy ta bouche impie
A-t'elle en l'accusant osé noircir sa vie?
Il en mourra peut etre, et d'un pere insensé
Le sacrilege vœu peut etre est exaucé.
Je ne t'ecoute plus, va-t'en, monstre execrable.
Va, laisse moi le soin de mon sort deplorable.
Puisse le juste ciel dignement te payer,
Et puisse ton supplice à jamais effrayer
Tous ceux qui comme toy, par de laches adresses,
Des princes malheureux nourrissent les foiblesses.

J'ay transcri toute cette scene, quoy que longue, parce qu'elle est remplie de ce que j'appelle refflexions pathetiques. Il est aisé d'appercevoir qu'elles n'ont d'autres liaisons que la succession des mouvements qui les produisent, et qu'elles portent uniquement sur ce qu'il y a de terrible ou de touchant dans la situation de Phedre.

Une chose à remarquer, c'est que Racine a ramassé, dans cette scène, tout le pathetique que l'action a pu luy fournir, et qu'il a affoibli un peu le reste de l'acte pour avoir de quoy mettre ensemble un plus grand nombre de beautez tragiques. En effet, elles perdent leur force quand elles sont séparées; le morceau le plus vif affecte mediocrement quand les choses qui le precedent n'ont pas preparé le cœur à le sentir, en commençant de le remuer. Il faut aussi que ce qui suit soit d'une nature à conserver ce mouvement et cette chaleur.

Voilà ce que j'avois à dire sur les differents endroits où il falloit placer des refflexions, soit raisonnées, soit pathetiques. Ce qui me reste à dire sur la façon d'employer les simples idées est plus abstrait et n'est pas moins essentiel.

11. *Division des simples idées*. — Il y a quatre sortes de simples idées : les premieres peignent les personnes, les secondes peignent les passions, les troisiemes peignent les personnes et les passions, il y en a enfin d'une quatrieme espèce qui ne peignent ni les passions ni les personnes.

12. *De la place des idées qui peignent les personnes*. — Les idées qui peignent les personnes peignent ou celui qui parle, ou ceux de qui on parle. Celles qui peignent celuy qui parle sont toujours bien placées ; et tout ce que pense un homme doit le peindre, même lorsqu'il se deguise. Celles par lesquelles un acteur en veut faire connoître un autre doivent être employées autant qu'on peut au commencement de la piece. C'est alors le temps de montrer au spectateur les portraits de tous les personnages, affin qu'il puisse ensuite les recon-

noître et les distinguer les uns des autres dans le cours de l'action.

Elles sont aussi necessaires dans les endroits ou il importe de desabuser quelqu'un de l'idée qu'il a d'un acteur, ou de le confirmer dans cette idée. Il faut encor tacher de peindre un homme dans les narrations qu'on fait de ses actions, pour donner plus de vie et plus d'harmonie à ce qu'on en dit.

13. *Ce qu'il faut eviter en employant les idées qui peignent les personnes.* — Mais il faut bien se garder de refflechir trop sur les mœurs, les passions, les caracteres, etc., quand cela n'est pas necessaire au pathetique ou à l'intelligence de l'action, et quand celui de qui on parle ne joûe pas un rolle bien considerable. Il faut prendre garde surtout de ne pas couper des evenements interessants pour placer ces scenes froides.

Corneille a fait toutes ces fautes dans la plupart de ses pieces. Il est vray que l'elevation de son genie et la beauté de ses portraits deplacez remplissent l'ame d'admiration et l'empechent de voir d'abord le manque de justesse; mais à la seconde lecture on sent que le cœur languit malgré le contentement de l'esprit.

Une attention bien necessaire, c'est de

faire peindre les personnages par des gens d'un age et d'un caractere susceptibles de beaucoup d'experience et de beaucoup de prudence. Un jeune heros, une princesse, peuvent bien en passant tracer quelques traits de quelqu'un, mais il n'est pas vraysemblable qu'ils sentent les differences infinies qu'il y a entre tous les caracteres. Ils n'ont encor eu ni assez de loisir, ni assez d'occasions pour entrer dans les replis du cœur humain. Bajazet peut bien faire connoître la difference du cœur d'Atalide et de celuy de Roxane; mais il n'auroit pas, comme le vieux Vizir Acomat, cette grace que donne la vraysemblance, en racontant à Osmin l'etat de l'Empire et du serrail, les caracteres, les passions, les divers interests des peuples, des princes et des sultanes. Bajazet est d'ailleurs trop occupé de ses passions, trop emporté par la fougue de son age et de son ambition, pour pouvoir se plier à une etude aussi profonde et aussi refflechie que celle des hommes.

Des idées qui peignent les personnes, passons à celles qui peignent les passions.

14. *De la place des idées qui peignent les passions.* — J'entends par les idées qui peignent une passion celles qui paroissent si fort l'effet de cette passion qu'elles l'exci-

tent sur le champ dans le cœur de tous les spectateurs. Elles sont si rares qu'il faut bien prendre garde de ne pas les employer à pure perte. Il faut les garder pour les endroits où l'on veut fraper les grands coups. Les situations les plus pathetiques, par elles memes, n'affectent que mediocrement quand la force des idées ne les presente pas vivement à l'esprit du spectateur. L'etat terrible où se trouve le vieil Horace, quand il sçait la mort de deux de ses fils et qu'il croit le troisieme deshonoré, n'eût jamais eté bien developpé, si Corneille n'eût pas sceu peindre vivement, par une seule idée, le desespoir de ce pere genereux. On voit bien que je veux parler du fameux *Qu'il mourût*.

15. *De la place des idées qui peignent à la fois et les passions et les personnes.* — Cette idée est d'autant plus belle qu'elle peint non seulement la passion, mais aussi le caractere de l'acteur. Ces coups de pinceau qui d'un seul trait font sortir un homme tout entier sont les grandes beautez de la Tragedie, surtout quand on les employe dans les endroits où il est essentiel au pathetique qu'on connoisse à fonds l'ame d'un personnage. Radamiste soupçonne la fidelité de sa femme, qu'il avoit jadis poignardée, transporté de douleur et de jalousie;

il veut l'enlever de la cour de son pere ; il sçait qu'elle aime son frere ; il en paroît furieux et il l'accable d'injures en presence de ce frere. Zenobie a tout à craindre en s'abandonnant entre les mains d'un pareil homme. Voicy ce qu'elle luy dit :

> Cruel, apprends qu'un cœur qui peut te pardonner
> Est un cœur que sans crime on ne peut soupçonner.
> Je vays par un seul trait te le faire connoitre,
> Et de mon sort apres je te laisse le maitre.
>   Ton frere me fut cher, je ne le puis celer ;
> Je ne cherche pas même à m'en justifier,
> Mais, malgré mon amour, ce prince, qui l'ignore,
> Sans tes laches détours l'ignoreroit encore.
> Enfin, dez que la nuit pourra me le permettre
> En tes mains dans ces lieux je viendray me remettre.
> Je connois la fureur de tes transports jaloux ;
> Mais j'ay trop de vertu pour craindre mon époux.

Il n'y a pas une seule idée, dans tout ce morceau, qui ne caracterise à la fois et les mœurs et les passions de Radamiste et de Zenobie. Mais il est remarquable surtout par l'endroit où il est placé. La fureur jalouse de l'un et les vertueux reproches de l'autre font sentir combien peu ils étoient faits l'un pour l'autre. Pour rendre cette reflexion plus frapante, Crebillon la place dans la scene où l'infortunée Zenobie vient se livrer pour jamais à son redoutable epoux.

Ces idées, qui caracterisent à la fois les passions et les personnes, servent dans l'exposition à peindre un homme entier par un seul trait frapant qu'on n'oublie pas et qui fait une image moins confuse que celle où il y a plusieurs coups de pinceau. Quand l'oracle demande à Agamemnon la mort de sa fille Iphigenie,

> Il condamne les Dieux, et, sans plus rien oüir,
> Fait vœu sur leurs autels de leur des-obeir.

Ce serment exprime parfaitement la douleur du pere et caracterise en même temps la colere du Roy des rois et du chef de la Grece. La hardiesse et l'indignation d'Agamemnon ont quelque chose qui l'approche des dieux. C'est ainsi qu'il a dû jurer le salut de sa fille. Le voylà mieux peint par l'idée que renferment ces deux vers qu'il ne l'auroit esté par vingt autres idées.

16. *Des idées qui ne caracterisent ni les passions ni les personnes.* — Celles qui ne caracterisent ny les passions ny les personnes ne sont supportables que lors qu'elles servent à l'intelligence, à la liaison ou au pathetique de l'action ; dez qu'elle ne font que remplir les scenes, quelque belles, quelque sublimes qu'elles soyent, elles doi-

vent être mises au rang de ces magnifiques inutilitez qu'Horace appelle *ambitiosa ornamenta* et qu'il ordonne de retrancher. Cependant les meilleures pieces en sont remplies; les hommes, ne voyant dans le sujet d'une tragedie qu'une partie des idées et des mouvemens que chaque caractere et chaque passion peuvent fournir, y ajoutent les mouvements et les idées des passions, des situations et des caracteres etrangers. Ce n'est pas que toutes ces idées et tous ces mouvements ne soyent en general communs à tous les hommes; mais tels mouvements ne s'excitent dans le cœur d'un tel homme, telles idées ne naissent dans son esprit, que consequemment aux secousses de telles passions et aux impressions de tels objets; de sorte que les mouvements qui n'expriment pas les passions presentes, et les idées qui ne peignent point la situation actuelle de l'esprit, peuvent etre appelez des idées et des mouvements etrangers. Il n'y en a que dans les hommes imaginez; dans l'homme reel, l'ame ne pense et ne peut penser, ne sent et ne peut sentir, que selon l'ordre dans lequel elle est affectée par ses passions, par le temperament, par les prejugez, par l'habitude, etc.; mais, dans l'homme imaginé, nous joignons, sans y prendre garde, nos mouvemens particuliers et nos idées actuelles aux idées et aux mouvemens qui expriment son caractere, son etat, son age, son païs, ses mœurs et ses passions. Je vays critiquer encor une fois Racine.

> Puisse le juste ciel dignement te payer,
> Et puisse ton supplice à jamais effrayer
> Tous ceux qui comme toi, par de laches adresses,
> Des princes malheureux nourrissent les foiblesses,
> Les poussent au penchant où leur cœur est enclin,
> Et leur osent du crime aplanir le chemin !
> Detestables flateurs, present le plus funeste
> Que puisse faire aux roys la colere celeste.

Voilà de magnifiques idées, mais Phedre, effrayée de ses crimes et agitée par ses remords, auroit-elle pû s'en distraire pour faire des refflexions si suivies et si longues sur le malheur des princes qui ecoutent leurs flatteurs? Non, mais Racine, apres avoir longtemps fait parler cette princesse selon sa situation, ajouta aux idées qui la peignoient des idées qui ne peignoient plus que Racine. J'ay cité ces vers parce qu'ils sont fameux et que peut-être peu de gens s'étoient apperçus qu'ils fussent deplacez.

Chapitre VI.

CONTINUATION DU CHAPITRE PRECEDENT

DE LA PLACE DE CERTAINES PENSÉES, DE CERTAINES, ETC.

De la fin qu'on se propose dans ce chapitre. — On a veu dans le chapitre precedent de quelle façon et dans quels endroits il faloit employer les (*differentes*) pensées; on les a divisées en sentences, en refflexions raisonnées, en refflexions pathetiques, en simples idées, en idées qui peignent les passions, en idées qui peignent les personnes, en idées qui peignent à la fois les passions et les personnes, et en idées qui ne peignent ni les passions ni les personnes. On a taché de montrer dans tout le cours du chapitre que chaque espece de pensée convenoit plus particulierement à telle ou telle scene; nous allons voir à present que chaque espece de scene a sa place marquée dans les differents actes.

2. *Div. du chap. et des differentes sortes de scenes.* — Les scenes se divisent en scenes de narration, de deliberation, de liaison et d'action.

3. *Div. des scenes de narration.* — Il y a deux sortes de scenes de narration : les unes racontent les evenements de l'action presente, les autres rappellent ce qui a precedé cette action.

4. *Des scenes qui racontent les evenements presents, les evenements de l'action.* — Celles qui ne servent qu'à raconter les evenements presents sont deplacées par tout, quand ces evenements pouvoient etre mis en action. Or, pour qu'ils ne puissent pas être mis en action, il faut ou que l'unité de lieu ou que la difficulté d'une representation exacte l'empechent. Le mariage de Pirrhus et d'Andromaque ne peut pas se faire sur le theatre, parce que ce theatre represente le palais et que les mariages se font au temple. Si ce theatre representoit tantost un palais, tantost un temple, il n'y auroit plus d'unité de lieu.

La difficulté de representer exactement des combats, des seditions, des conjurations nombreuses, etc., oblige aussi de les derober aux yeux et de les mettre en recit. Mais il est rare que ces choses arrivent à la fois en assez grand nombre pour que les narrations qu'on en fait puissent remplir des scenes entieres. Ces narrations sont ordinairement fondues dans des scenes de deliberation ou de liaison.

Il faut en excepter les scenes qui instruisent de la catastrophe. Elles sont presque toujours fort longues et elles ne contiennent ordinairement que des recits. En voicy la raison : elles racontent les malheurs excessifs d'un personnage pour qui l'interest des spectateurs s'est acrû de scene en scene pendant cinq actes. Ces spectateurs sont avides des moindres circonstances qui peignent ou la magnanimité d'un personnage, ou les regrets qu'il a de quitter son pere, sa maîtresse, son ami, etc. Il faut les contenter, il faut laisser longtemps sous leurs yeux un objet qui les attache si fort.

Mais on doit bien se garder d'entrer dans des details qui ne contribuent pas à la passion. Peut-on souffrir que Theramene, en apprenant à Thesée la mort de son fils, s'amuse à peindre le monstre qui a effrayé ses chevaux; qu'il dise qu'il a le front large, qu'il a des cornes, que ses ecailles sont jaunes, que sa croupe se replie, qu'il fait retentir le rivage, qu'il fait horreur au ciel, qu'il emeut la terre, qu'il infecte l'air et qu'il fait reculer de peur le flot qui l'aporta? Voilà tout ce que j'avois à dire sur les scenes qui racontent les evenements presents, les evenements de l'action. Passons à celles qui contiennent les recits des choses anterieures à la Tragedie.

5. *Des scenes qui racontent les evenements anterieurs à la Tragedie.* — Elles font ordinairement le gros tiers d'une piece moderne, et le quart de celles d'Euripide, de Corneille et de Racine. Dans Sophocle il n'y a souvent que la scene d'exposition qui soit toute employée à raconter; quelquefois même il n'y a point de scene d'exposition. Dans le *Philoctete*, par exemple, l'action commence avec la piece; elle se prepare et se developpe par les simples mouvements des acteurs, sans recits, sans reconnoissances, en un mot sans exposition. Ce sont les evenements presents, et les mesures qu'Ulisse prend sur l'avenir, qui font connoître le passé. Ce n'est pas qu'il n'y ait beaucoup de narrations dans cette Tragedie, mais c'est qu'elles sont fondues dans presque toutes les scenes sans en remplir aucune. Voilà ce qui leur donne une chaleur qui ne se trouve point ailleurs; rien n'y sent

l'historien, tout y a le mouvement et la vie.

6. *Des divers endroits où l'on doit placer les scenes de narration qui racontent des choses anterieures à la Tragedie.* — Quand Eschile, Euripide, Corneille et Racine faisoient le plan de leurs ouvrages, ils ne voyoient peut-être pas, comme Sophocle, les rapports infinis qu'il pouvoit y avoir entre les evenements presents et le recit des choses passées. Ils n'avoient pas le genie de diviser ce recit en mille petits morceaux, et de les distribuer dans les divers endroits où Sophocle auroit vû leurs places naturelles. Ils prenoient le parti de ramasser dans quatre ou cinq scenes tous les faits anterieurs à l'action qu'ils jugeoient necessaires à la clarté ou au pathetique. Ils plaçoient la plus longue et la plus generale au commencement de la piece; ils en mettoient encore une ou deux à la fin du premier acte ou au commencement du second; et ils en employoient enfin une quatrieme dans le troisieme acte ou au commencement du quatrieme. Nous allons voir qu'il y a beaucoup de bon sens dans cette façon de les distribuer, et nous tacherons de montrer quelles differentes especes de narrations conviennent aux differents endroits où l'on

place ces scenes. Quant à la façon de Sophocle, il faut se contenter de l'admirer, et se dire ce que Stace se disoit de Virgile :

Nec tu divinam Eneida tenta,
Sed longe sequere, et vestigia semper adora.

7. *Quelle espece de narration convient à la scene d'exposition.* — Tout le monde sçait et la place et le but de la scene d'exposition, nous en avons parlé ailleurs : elle commence la Tragedie; elle doit entre autres choses marquer le nom, l'état, le caractere, les passions, de chaque personnage, etc.

Mais tout cela doit se faire à grands coups de pinceau. Il faut tracer seulement les contours principaux des differentes tetes, sans s'amuser à finir les traits particuliers. Comme il importe aux spectateurs de bien saisir ces diverses tetes, pour pouvoir les distinguer dans le cours de la piece, il faut les luy montrer rapprochées affin que leurs differences soyent plus sensibles; or, on les eloigneroit les unes des autres si on allongeoit le discours par des narrations d'un trop grand detail. Voicy ce que dit Racine dans l'exposition d'*Athalie*, et de la mechanceté de cette reine et du massacre de Joas :

>Une impie etrangere
>Se baigne impugnement dans le sang de nos rois :
>Des enfans de son fils detestable homicide.

Voicy encor tout ce qui est dit de Jozabet. C'est Abner qui parle au grand pretre :

>Du mérite eclatant cette reine jalouze
>Hait sur tout Josabet, vôtre fidele epouze.
>Si du grand pretre Aâron Joad est successeur,
>De notre dernier roy Jozabet est la sœur.

Voylà des portraits bien entiers, où les trais principaux sont dessinés tres distinctement; mais il n'y a encor aucunes beautez de detail.

Voicy maintenant ces deux tableaux achevés en un seul dans la scene qui finit l'acte.

>De princes egorgez la chambre etoit remplie.
>Un poignard à la main, l'implacable Athalie
>Au carnage animoit ses barbares soldats,
>Et poursuivoit le cours de ses assassinats.
>Joas laissé pour mort frappa soudain ma vûe.
>Je me figure encor sa nourrice eperdue,
>Qui devant les bourreaux s'etoit jettée en vain,
>Et foible le tenoit renversé sur son sein.
>Je le pris tout sanglant. En baignant son visage,
>Mes pleurs du sentiment luy rendirent l'usage;
>Et soit frayeur encor, ou pour me caresser,
>De ses bras innocens je me sentis presser.

Je diray en passant que voylà le plus beau morceau de peinture qu'ait jamais fait ny peintre ny poëte. Mais examinez comme le massacre de Joas, la cruauté d'Athalie, la pieuse humanité de Josabet, qui, en quelque façon, n'avoient esté qu'indiquez dans l'exposition, sont icy exprimez dans le plus grand detail.

8. *Quel genre de narration on doit employer dans les scenes qui finissent le premier acte ou qui commencent le second.* — Cette scene est de la seconde espece des scenes de narration. Elles doivent etre plus vives que les scenes d'exposition, parce qu'elles sont plus près du nœud et que meme elles le commencent quelques fois. Les details y sont plus naturels que dans les scenes d'exposition, où il faut parler de tout un peu. Icy les acteurs se reduisent ordinairement à parler des objets particuliers de leurs passions; ils doivent en parler d'une façon qui exprime toute l'impression que ces objets font sur eux. Ils en doivent paroître uniquement occupez; ils doivent se les presenter dans tous leurs differens points de vue et en remarquer les moindres parties. Ces scenes achevent ainsi ce que l'exposition avoit ebauché. Dans l'exposition, Joad se contente de rappeller à Abner la

cruauté d'Athalie; dans la derniere scene de l'acte, Jozabet, plus tendre, plus sensible, et temoin du massacre des princes, en rappelle toutes les circonstances. Il semble seulement qu'elle sorte de cette affreuse chambre où elle a vû egorger toute la posterité de son frere.

Par les choses qu'elle dit au grand pretre dans le reste de la scene, et par celles que le grand pretre luy repond, le même jour, la même perfection est donnée à toutes les autres choses qui avoient esté tracées dans l'exposition. Lisez la scene, qui seroit trop longue à transcrire.

Remarquez qu'elle finit l'acte premier, et que l'action commence immediatement avec le second par l'entrée de Zacharie sur le theatre, qui vient annoncer l'irruption d'Athalie dans le temple et le trouble qu'a excité en elle la presence d'Eliacin. Alors le cœur commence à etre remué par l'action; on est curieux de sçavoir ce que fera Athalie, ce que diront le grand pretre, Mathan et Abner. On s'ennuyeroit d'entendre plus longtemps Josabet. Aussi les recits finissent icy et l'action commence.

C'est donc avec raison que Racine s'est fait presque une regle inviolable de placer immediatement avant le commencement du nœud ou de l'action toutes les narrations detaillées qui achevent d'instruire les spectateurs.

Quand on n'a pas le loisir de tout dire dans ces premieres scenes, il faut garder les choses les plus pathetiques pour les raconter dans le troisieme acte, en observant de prendre le temps où un acteur en attend quelqu'autre qui tarde à venir. Il est vraysemblable alors qu'il s'entretienne seul et avec son confident des choses passées que sa haine, ses remords, son amour, ou quelqu'autre passion, luy rappellent.

9. *Quelle espece de narration on doit employer dans les scenes qui finissent le troisieme acte ou qui commencent le quatrieme.* — Mais, malgré cette vraysemblance, une pareille scene seroit insupportable dez qu'on seroit avancé dans le quatrieme acte. Alors le cœur, extraordinairement attaché aux evenements presents, ne peut, en aucune maniere se preter aux recits des evenements passez. Voyez la scene d'Heriphile dans l'*Iphigenie*, les Jeux d'*Andromaque*, qui sont des scenes de narration. Elles sont à la fin du troisieme acte ou au commencement du quatrieme. Remarquez y surtout que Racine a reservé pour ces endroits les details les plus pathetiques, parce que, l'action

etant dejà echauffée, elle auroit langui par des recits moins terribles ou moins touchants.

Songe, songe, Cephise, a ceste nuit cruelle
Qui fut pour tout un peuple une nuit eternelle.
Figure toy Pirrhus, les yeux etincelants,
Entrant à la lueur de nos palais brulants,
Sur tous mes freres morts se faisant un passage,
Et, de sang tout couvert, rechauffant le carnage.
Songe aux cris des vainqueurs, songe aux cris des mourants
Dans la flamme etouffez, sous le fer expirants.
Peints toy dans ces horreurs Andromaque eperdue.
Voilà comme Pirrhus vint s'offrir à ma veue, etc.

     * Le jour que son courage
Luy fit chercher Achile ou plustost le trepas,
Il demanda son fils et le prit dans ses bras.
Chere epouze, dit il, en essuyant mes larmes,
J'ignore quel succez le sort garde à mes armes.
Je te laisse mon fils pour gage de ma foy :
S'il me perd, je pretends qu'il me retrouve en toy.
Si d'un heureux hymen la memoire t'est chere,
Montre au fils à quel point tu cherissois le pere.

Il peut y avoir des narrations aussy detaillées que ces deux morceaux dans les premiers actes de l'*Andromaque*, mais il n'y en a pas certainement de si pathetiques. Dans le second, Hermione rapelle à sa confidente tout ce qui a precedé ou occazioné

 * Acte 3ᵉ, scene derniere.
 * Acte 4ᵉ, scene 1ʳᵉ.

son amour pour Pirrhus ; mais que l'interest qu'on y prend est bien au dessous de celuy qu'on prend ici aux vertueuses larmes de la tendre Andromaque ! Aussi Racine a-t'il gardé les narrations de la Troyene pour l'acte où l'action devoit etre plus vive.

La regle generale qu'il faut suivre en employant les diverses scenes de narration consiste donc en ce que les recits les plus pathetiques soient toujours faits les derniers, sans s'assujetir absolument à ne jamais placer ces scenes que dans les endroits marquez. On peut par exemple pousser un peu avant dans le nœud, et jusqu'à la fin du second acte, celles qui achevent l'exposition, quoyque leur place naturelle ne soit pas si reculée. L'enchainement des choses, l'exactitude de l'unité de lieu et mille autres causes obligent quelquefois à des petites irregularitez.

Mais il n'y a point d'exception pour la seconde regle. Dez le millieu du quatrieme acte, quelque pathetiques que soyent les recits, ils ne peuvent plus se multiplier et remplir des scenes entieres sans ennuyer prodigieusement. Ils n'ont pas assez de force et pour ainsi dire de vie pour entretenir la chaleur de l'ame, qui est alors portée à l'excez. Cette chaleur ne peut se soutenir que par le feu de l'action. On peut cependant, dans les plus grands mouvements de passions, rappeller en peu de mots un fait historique, quand ce fait est amené naturellement, qu'il peint les mœurs et la situation de celuy qui parle, et qu'il contribue à augmenter la terreur ou la pitié. Dans *Mitridate*, Arcas apporte du poison à Monime avec un ordre du roy qu'elle ait à mourir. Sa confidente fond en larmes.

Si tu m'aimois, Phœdime, il falloit me pleurer
Quand d'un titre funeste on me vint honnorer,
Et lors que, m'arrachant du doux sein de la Grece,
Dans ce climat barbare on traina ta maitresse.
Retourne maintenant chez ces peuples heureux ;
Et si mon nom encor s'est conservé chez eux,
Dis leur ce que tu vois, et de toute ma gloire,
Phœdime, conte leur la malheureuse histoire.

Ce morceau de l'histoire de Monime est amené si naturellement, il rappelle si naïvement ses malheurs et son amour pour sa chere patrie, dont elle meurt eloignée, que je le regarde comme une des choses les plus touchantes qu'ait fait Racine.

Voylà, je pense, toutes les diverses façons d'employer les narrations et les scenes qui les contiennent. Passons maintenant à celles qui lient l'action.

10. *Ce qu'on entend par scenes de liai-*

son, et dans quels differents endroits on les place — Les scenes de liaison servent à rappeler en peu de mots les derniers evenements pour en faire appercevoir la liaison avec la suite de l'action. Elles doivent etre fort courtes et finement amenées. On les place ordinairement au commencement de l'acte pour y rendre compte de ce qui s'est passé dans l'entr'acte, en consequence des resolutions prises dans l'acte precedent. Voicy un exemple. A la fin du second acte de *Britannicus*, Neron ordonne à Burrhus de faire sortir de Rome l'affranchy Pallas, qui se pretoit aux sourdes menées d'Agripine. Dans l'intervale de l'entr'acte Burrhus execute l'ordre qu'il a receu, et il commence l'acte suivant par ces mots adressez à Neron.

Pallas obeira, seigneur.

Remarquez que ce seul demi vers non seulement instruit de ce qui a continué l'action, qui est l'exil de Pallas, mais qu'il rappelle aussi les dernieres scenes de l'acte precedent, où cet exil avoit eté ordonné, et lie par là tout le passé avec la suite actuelle de la piece. Le reste de la scene, qui n'est que de dix à douze vers, lie outre cela le present à l'avenir. Burrhus y prevoit que l'amour de l'empereur irritera Agripine et causera des malheurs à l'Etat.

Au lieu de mettre ces scenes au commencement de l'acte, quelquefois on les met tout à fait à la fin. Je crois meme que c'est la meilleure façon de les employer : elles lient les evenements de l'acte, de l'entr'acte et de l'acte suivant, d'une façon bien sensible. On fait reflechir quelqu'un des acteurs sur les suites natureles que doivent avoir les evenements passez rappellés succintement. On fait indiquer par quelqu'autre et les raisons de quitter le theatre, et les choses qui doivent remplir l'entr'acte. Voyés tout cela dans la scene suivante (*Andromaque*, acte quatrieme, scene derniere), qui n'a pourtant que six vers. Hermione quitte Pirrhus furieuse, en le menaçant de le faire immoler au pied des autels. Il reste seul avec son confident, qui lui dit :

Vous entendez, seigneur; gardez de negliger
Une amante en fureur qui cherche à se venger :
Elle n'est en ces lieux que trop bien appuyée;
La colere des Grecs à la sienne est liée :
Oreste l'aime encor et peut etre à ce prix...

PIRRHUS.

Andromaque m'attend. Phœnix, garde son fils.

Le demi vers, *Oreste l'aime encor*, finit la recapitulation de tout ce qui s'est passé dans la Tragedie jusqu'à ce moment. L'autre demi vers, *Et peut etre à ce prix*, indique la suite de l'action. Enfin le dernier vers apprend pourquoy Pirrus quitte la scene et ce que divers interlocuteurs vont faire pendant l'entr'acte.

Andromaque m'attend, Phœnix garde son fils.

Il y a une troisieme espece de scene de liaison qui n'est propre qu'aux pieces où il y a deux actions. On les place au milieu des actes lorsqu'on veut rappeler le fil d'une des deux actions qui avoit eté interrompue par l'autre. Elles sont deffectueuses et cependant presque inevitables dans les pieces où il y a des episodes.

11. *Scenes de narration qui peuvent etre regardées comme etant plustost des scenes de liaison et meme d'action.* — J'ay reservé de parler icy des scenes où un acteur vient raconter en quelques vers, aux personnages qui sont sur le theatre, ce qui arrive actuellement hors du theatre à d'autres personnages. Je les ay moins regardées comme des scenes de narration que comme des scenes de liaison. Elles lient effective-

ment les evenements qui se passent hors du theatre avec ce qui se fait sur le theatre. Elles doivent etre fort vives et fort courtes, pour peindre l'impatiance qu'ont les hommes de dire vite les choses interessantes pour ceux qui les ecoutent. Il n'y faut ny circonstances inutiles ny refflexions; il y faut des mots expressifs et des tours de phrase coupez. La vivacité du recit doit donner une espece de vie aux choses qu'on raconte et en transporter en quelque façon l'action sur le theatre.

Il l'attent à l'autel pour la sacrifier.
(*Iphigénie.*)

Mitridate luy meme arrive dans le port.
(*Mitridate.*)

12. *Les scenes d'action ne sçauroient etre trop nombreuses.* — L'action est l'ame de la tragedie. Il ne sçauroit trop y en avoir : une piece qui en est remplie a autant d'avantage sur une piece où il y en a peu que cette piece en a sur une histoire. Il est vray que les choses qui arrivent dans l'intervale d'un acte à l'autre, et celles dont la representation blesseroit l'unité de lieu, la vraysemblance, ou les mœurs, ne peuvent qu'etre racon-

tées ; mais ce sont aussi les seules qui doivent n'etre pas mises en action ; et pour qu'on ne croye pas que c'est icy une de ces regles severes qu'on ne peut point observer à la rigueur, je vais montrer par l'analise de l'*Athalie* que, de tous les evenements qui y arrivent derriere le theatre et qui sont ensuite racontés, il n'y en a pas un seul qui peut etre representé. On verroit la meme chose dans les trois quarts des tragedies de Racine.

13. *Analise de l'*Athalie, *par laquelle on voit que Racine a mis en action dans cette piece tout ce qui pouvoit y etre mis.* — L'action commence hors du theatre par l'entrée d'Athalie au temple, dans un des parvis aux hommes réservé. Le grand pretre l'en chasse ; elle veut blasphemer, mais la presence du jeune Eliacin l'effraye et glace sa langue dans sa bouche. Tout cela ne pouvoit se passer qu'hors du theatre, qui ne represente pas l'endroit du temple où l'on prioit, mais seulement une salle de la maison du grand pretre qui faisoit partie du temple. Dez que l'unité de lieu et la vray-semblance le permettent, Athalie paroit sur la scene : elle entre dans la maison de ce meme homme qui vient de l'insulter. Elle veut y revoir à loisir ce terrible enfant dont

elle a été menacée en songe et qu'elle a reconnu au temple marchant à côté de Joad : son cruel Mathan est appellé; il luy conseille sans hesiter de le faire egorger ; Abner, guerrier genereux, repond hardiment à ce pretre abominable. La Reine, indeterminée, demande Eliacin ; Abner va le chercher. Pendant ce temps, Mathan met tout en usage pour epouvanter la Reine et pour rendre Abner suspect. Eliacin arrive conduit par Jozabet.

O ciel! plus j'examine et plus je le regarde,
C'est luy! d'horreur encor tous mes sens sont saisis !

Elle luy fait mille questions, elle le caresse, elle se sent emue de pitié, elle s'irrite de rechef, elle sort enfin sans avoir pris aucune resolution. Joad, qui s'étoit caché avec ses levites, paroit sur la scene; il benit Dieu, il embrasse et loüe Eliacin, et puis il dit :

Rentrons, et qu'un sang pur par nos mains epanché
Lave jusques au marbre où ses pas ont touché.

Tous les personnages, tous les evenements, toute l'action en un mot est transportée sur le theatre dans ce second acte. Il n'y a rien à raconter parce que tout s'y passe sous les yeux du spectateur. Ensuite dans le reste de la piece, l'autheur n'a mis en recit que ce qui arrive dans les entr'actes, et dans ces entr'actes il ne fait agir que ceux qui, comme Athalie et Mathan, ne peuvent pas etre souvent sur la scene qui represente la maison de Joad. Il garde pour remplir les actes tout ce qui peut etre dit ou fait par Joad, tout ce qui peut etre dit ou fait par ses ennemis, meme quand ils peuvent etre amenés sur la scene sans choquer la vraysemblance et par ceux qui ont un accez facile dans sa maison : entreveues de Mathan avec le fils du grand pretre, avec sa femme et avec le grand pretre luy-meme; deliberations, armement des levites, transports prophetiques, couronnement de Joas, serment des pretres, pleurs, applaudissements, cris de joye de leurs enfants et de leurs femmes, disposition de combat, exortation au jeune roy, entreveue entre Abner et Joad; larmes, prieres, fureur de l'un, intrepidité, promesses de l'autre; irruption d'Athalie, reconnaissance du roy Joas, blasphemes, souhaits d'Athalie, ordre de mort contre elle : tout enfin est mis en action. Le spectateur voit tout. Les evenements semblent arriver reellement sous ses yeux. Athalie, Joad, Abner, Mathan, etc., agissent, parlent eux-memes. Ils vivent pour le spectateur, tant il est affecté par l'illusion de la representation. L'effect des plus pathetiques narrations pourroit-il aller ainsi jusqu'à l'illusion ?

Il faut donc mettre en action tout ce qui peut y etre mis, et garder pour remplir les entr'actes les evenements que la vraysemblance, l'impossibilité d'une representation exacte, l'unité de lieu, les mœurs, les prejugez, etc., obligent de faire arriver hors de la scene qu'il faut ensuite apprendre au spectateur par des recits.

Aux scenes de narration, de liaison et d'action, joignons les scenes de deliberation.

14. *Des scenes de deliberation.* — Il y en a de deux sortes : de deliberation politique et de deliberation passionnée.

15. *Des scenes de deliberation politique, de la place et du stile qui leur conviennent.* — Les scenes de deliberation politique sont celles où l'on delibere tranquilement et avec ordre des interets d'un Etat, de la guerre, de la paix, où l'on forme des ligues, des conjurations, etc.; on les place ordinairement dans le second et troisieme acte. Dans le premier, les personnages ne seront point encore assez connus ni les interets assez developpez.

Dans le quatrieme et le cinquieme, les reflexions et les raisonnements n'auroient point assez de chaleur. Ces scenes ne sont souvent liées à l'action que par des rapports eloignez. Aussi Racine n'en a-t-il guere mis dans les Tragedies. Celles de Corneille en sont pleines. C'est là qu'il est veritablement inimitable ; c'est là qu'il fait parler les Romains avec cette elevation tant vantée. La premiere scene du troisieme acte de *Sertorius* est, dans le genre sublime, le chef-d'œuvre de l'esprit humain. Je n'en transcrits icy que quelques vers, par lesquels on peut juger des autres. Toute la scene est à peu pres de la meme force. Pompée, lieutenant de Scylla, propose à Sertorius de faire la paix avec le dictateur et de retourner à Rome. Sertorius luy repond :

Je n'appelle plus Rome un enclos de murailles,
Que ses proscriptions comblent de funerailles.
Ces murs, dont le destin fut autrefois si beau,
N'en sont que la prison, ou plustost le tombeau.
Mais, pour revivre ailleurs dans sa premiere force,
Avec les faux Romains elle a fait plein divorce,
Et, comme autour de moy j'ay tous ses vrays apuis,
Rome n'est plus dans Rome, elle est toute où je suis.

L'elevation des pensées, l'intrepidité, la finesse du genie et les maximes des guerriers et des ambitieux remplissent ces sortes de scenes. Il faut y prodiguer les richesses et la magnificence de l'expression.

16. *Des scenes de deliberation pathetique. Du stile et de la place qui leur conviennent.* — Au contraire, les scenes de deliberation pathetique doivent etre ecrites d'un stile pressé et coupé, sans emphase et meme sans ornement. Elles peignent un homme partagé entre deux fortes passions opposées, qui penche tantost vers l'une et tantost vers l'autre, sans jamais se determiner positivement : les regrets, les soupirs, les reflexions pathetiques, les apostrophes, les impatiances, et surtout l'irresolution, caracterisent ces sortes de scenes.

Comme, dans les mouvements des deux passions, il n'y a rien qui soit aussy vif que leur combat, dans le moment qu'il faut que l'une cede à l'autre, on doit placer la scene qui peint ce combat dans l'endroit du nœud où il faut le plus de chaleur, c'est-à-dire immediatement avant le denouement.

Il y a de l'adresse à finir ensuite les irresolutions de celuy qui occupe le theatre par l'arrivée de celuy qui occazione le denouement, par une action ou par des recits. C'est ce qu'on voit dans la derniere scene du quatrieme acte de *Mithridate*.

17. *Recap. du chap.* — Scenes de narra-

tion de quatre sortes; scenes de liaison de trois sortes; scenes d'action, scenes de deliberation raisonnée et de deliberation pathetique : voilà, je crois, toutes les especes de scenes que l'on connoisse. Il ne reste plus qu'à observer qu'il y en a de meslangées qui tiennent des diverses especes, et que l'on doit employer selon qu'elles tiennent plus ou moins de telles ou telles especes.

Apres avoir examiné la place des differentes scenes, tachons de connoitre la place des differentes situations.

Chapitre VII.

CONTINUATION DES CHAPITRES PRECEDENTS.

IV. *du chap.* — On peut distinguer les situations en situations essentielles et en situations momentanées.

2. *Des situations essentielles, de leurs es-*

peces, de leur nombre. — Les situations essentielles sont :

1º L'opposition des passions au devoir;

2º L'opposition des passions d'un acteur aux passions d'un autre acteur;

3º L'opposition d'une passion à une autre passion, dans le meme homme.

Je les appelle essentielles parce qu'elles caracterisent la Tragedie, et que tous les personnages doivent etre necessairement dans une des trois pendant toute la durée de l'action; elles sont donc generales et perpetuelles.

3. *Des situations accidentelles, de leurs differentes especes, de leur nombre.* — Mais elles en produisent d'autres particulieres et qui ne durent que l'espace d'une ou de deux scenes, et qui sont particulieres à certains personnages.

Celles-cy doivent etre placées dans les differents actes, suivant leurs rapports avec les divers endroits de l'exposition, du nœud, du denouement et de la catastrophe.

4. *Div. des situations momentanées.* — Quoy que leur nombre soit infini par les combinaisons innombrables que l'on peut faire des differents melanges de toutes les passions, on peut cependant les reduire à dix principalles qui renferment toutes les

autres. Les voicy : 1° les reconnoissances; 2° l'entreveüe de deux amis; 3° l'entreveüe de deux ennemis; 4° l'entreveue des personnes qui craignent de se voir; 5° les decouvertes de certains evenements; les surprises; 7° les querelles; 8° les propositions extraordinaires; 9° les declarations d'amour; 10° brouilleries des amants.

5. *Des reconnoissances.*— De toutes les situations momentanées, les reconoissances produisent sans doute les plus vives et les plus interessantes. La terreur, la pitié, la joye, la surprise, l'esperance, la crainte, y meslent leurs mouvements opposez, et par cette union causent à l'ame une agitation si grande et si peu accoutumée, que toute sa capacité en est remplie. Cependant les grands poetes modernes ont affecté de ne s'en point servir. Il n'y en a qu'une dans Racine, qui est celle de Joas dans *Athalie;* car la reconnoissance d'Heriphile dans *Iphigenie* n'est pas de l'espece dont il est question icy. Les bonnes pieces de Corneille n'en contiennent que deux dans *Nicomede* et dans *Heraclius,* et dans *l'Œdipe,* où elles font le denouement. Sophocle en a mis pourtant dans presque toutes les siennes. Corneille et Racine sçavoient qu'elles etoient pueriles quand elles n'etoient pas amenées

par la force du nœud, comme dans Sophocle; ils aimerent mieux ne s'en point servir que de s'en servir comme les poetes mediocres. Ceux-cy n'ont point d'autre ressource pour arracher des larmes. On pleure en effet la premiere fois, entrainé par le pathetique de la situation; mais à la deuxieme lecture ou à la seconde representation, on ne voit plus que le manque de vraysemblance et de genie.

6. *De la place des reconnoissances et de leurs principalles especes.* — Il faut distinguer dans les reconnaissances celles où une personne connoit dejà l'autre de celles où les deux personnes ne se connoissent point. Dans le dernier cas, l'enchainement des choses peut en quelque façon amener la reconnoissance indifferemment dans le troisieme, le quatrieme ou le cinquieme acte, en se souvenant toutefois de la placer plus ou moins pres du denoûement, suivant qu'elle a plus ou moins de chaleur.

Mais les reconnoissances où une personne connoissoit dejà l'autre ne doivent point se faire au hazard; celuy qui connoit l'autre ne doit se decouvrir que quand il le juge à propos pour faire prendre telle ou telle determination (Attale dans *Nicomede*), et cette determination doit toujours nouer ou denouer l'action; c'est la même chose pour les reconnoissances de toutes les especes, par la regle generale que ce sont les grandes revolutions dans l'etat des acteurs qui doivent causer les grandes revolutions dans la piece.

Cecy me donne occasion de dire en passant que non seulement une reconnoissance, mais une bataille, une sedition, l'arrivée d'un roy, les querelles, les racomodements, et enfin tous les evenements un peu importans, doivent etre placez de façon que ce soyent les plus frappans et les plus pathetiques qui fassent le nœud, le denoûement et la catastrophe. En voicy la raison.

Il y a une liaison sensible dans les idées des choses; l'esprit rappelle les cauzes en voyant les effets; de sorte que, quand les cauzes du denoûement ou du nœud sont frappantes ou pathetiques, le nœud et le denouement affectent davantage, en ajoutant à leur pathetique et à leur eclat particulier le pathetique et le frappant des evenements qui les ont causez. Revenons aux reconnoissances.

7. *Des choses qu'il faut observer dans les reconnoissances.* — Il faut d'abord qu'une reconnoissance soit vraysemblable dans toutes ses parties, c'est-à-dire qu'un long

espace de temps, les maladies, les chagrins, etc., ayent si fort changé l'air des personnes, qu'il soit vraysemblable qu'elles ne se reconnoissent pas d'abord; il faut ensuite que, lorsqu'elles se reconnoissent, ce ne soit pas par une bague, par une croix, et par autres moyens qui ne persuadent que sur le theatre, mais par la reminiscence des traits, par des secrets rappelez, par des cicatrices et autres marques moins equivoques que la pocession d'un bijou.

Il faut, en second lieu, qu'une reconnoissance soit precedée par tous les evenements, par tous les recits et par toutes les idées qui peuvent contribuer à augmenter l'amitié, la surprise, la terreur, toutes les passions de ceux qui vont se reconnoitre.

Enfin, dans le moment où l'esprit commence à percer le nuage, la rapidité, la confusion du stile, doivent peindre, si j'oze ainsi m'exprimer, la suffocation du cœur; toutes les idées doivent etre coupées et pressées; chaque mot doit exprimer un mouvement. Il faut exciter la surprise, la terreur, la joye, la pitié, la melancolie, l'espérance, avec la meme rapidité qu'elles secoüent l'ame : trois ou quatre vers doivent suffire pour faire tout cela.

Vraysemblance, circonstances pathetiques, stile, vie et corps : voilà donc les trois principales beautez des reconnoissances. Voyons ces beautez ramassées d'une façon bien sensible dans l'*Electre* de Sophocle.

Oreste (*Electre*, acte quatrieme, scene premiere) arrive caché sous le nom d'un homme qui vient annoncer la mort d'Oreste. En entrant sur le theatre, il y voit une infortunée chargée de fers, qui dans le palais d'Egiste oze attester les manes d'Agamemnon, pleurer le trepas d'Oreste et fremir de la barbarie de Clitemnestre. A la hardiesse et à l'excez de ses plaintes, Oreste peut-il meconnoitre Electre, quoy qu'il ne se souvient pas de l'avoir vue? Cette princesse, de son côté, aperçoit un étranger portant une urne dans ses mains. Elle apprend que cette urne renferme les cendres d'Oreste. Elle jette, elle attache ses yeux mourans sur ce terrible objet, mais ses autres sens luy manquent. Elle semble ne tenir plus à la vie que par l'ame et par la douleur. L'étranger lui donne l'urne, elle la mouille de ses larmes avant que de pouvoir parler. Peu à peu elle reprend quelque force. Alors elle appelle cent fois ce cher frere à qui elle a servy de mere, qu'elle a attandu si longtemps, et dont elle ne revoit que la cendre. Ce nouveau malheur lui rappelle tous les autres : son pere egorgé par une épouse adultere, le throne de ses ancetres occupé par le meurtrier d'Agamemnon; Oreste enfin, son cher Oreste, son cher frere, son seul espoir, le reste des Atrides, immolé au soupçon de Clitemnestre et d'Egiste. Ce dernier coup est le plus terrible. Sa douleur en est si excessive qu'elle serre le cœur à Oreste. Il ne peut pas parler. Il vole vers elle pour lui arracher cette urne terrible sur laquelle elle fait des plaintes trop attendrissantes. Elle ne veut pas s'en desaizir, c'est le seul bien qui lui reste. Mais, ne la sentant plus dans ses mains, son desespoir ne lui laisse plus former de pensées distinctes, son esprit se confond. Elle demande Oreste. Elle l'appelle à grands cris. Lui, transporté, effrayé, s'efforce de dire quatre mots : N'appellez pas chez les morts celui qui... Il ne peut pas achever : ses pleurs, sa joye, ses bras ouverts disent le reste. Etonnée, elle le regarde, elle s'ecrie; ils fondent dans les bras l'un de l'autre, et jusqu'à l'arrivée de Palamede ils ne font que se regarder, se nommer, s'embrasser et pleurer.

Où trouve-t'on tant de vraysemblance, tant de circonstances pathetiques et une expression si naturelle et si passionnée ?

8. *Des reconnoissances de soy-meme.* — Les reconnoissances par lesquelles un personnage vient à se connoitre luy-meme sont d'une espece particuliere, et se divisent en reconnoissances volontaires et en reconnoissances inattendues. Les reconnoissances volontaires sont celles où l'on decouvre les autheurs de sa naissance que l'on cherchoit, comme Eriphile dans *Iphigenie* (Racine, *Iphigenie*, acte quatrieme, scene derniere). Les reconnoissances inattandues sont celles où, comme Œdipe, l'on decouvre sans le vouloir que celuy qu'on a crû son pere ne l'etoit pas et qu'on a tué celui qui l'etoit, ou que, comme Oreste, on l'a trahi en s'unissant avec ses meurtriers (Crebillon, dans l'*Electre*). Ces reconnoissances involontaires sont les plus theatrales par la double surprise de trouver des indifferents ou des ennemis dans ceux que l'on avoit aimés comme ses parans, et de trouver ses parans dans ceux que l'on a tués ou opprimés.

9. *De ce qu'il faut observer dans les reconnoissances de soy meme et de la place qui leur convient.* — Les reconnoissances de soy meme, volontaires ou non, demandent tout au moins les memes precautions, la meme vraysemblance et surtout le meme feu que les reconnoissances reciproques dont nous avons parlé cy dessus. Cependant elles excitent des passions bien differentes. La joye et l'esperance temperent ordinairement, dans les reconnoissances reciproques, la crainte et la pitié; dans les reconnoissances de soy-meme, les regrets, quelquefois l'horreur, et toujours le desespoir, mettent le comble à la terreur.

Celles cy doivent toujours faire le denoüement et ocazioner la catastrophe. Placées dans le cours de l'action, elles auroient une chaleur qu'on ne pourroit pas continuer dans le quatrieme et le cinquieme acte, et qui feroit paroitre ces actes froids, à moins qu'on n'eut à les remplir par des evenements aussi terribles que le meurtre d'une mere et que les fureurs d'un Oreste. En ce cas, un acteur pourroit se reconnoitre dès le millieu de l'action, comme on le voit dans l'*Electre* de M. de Crebillon (*Electre*, acte troisieme, scene cinquieme). Voilà tout ce que j'ai observé sur les differentes especes de reconnoissances.

10. *De la place ordinaire des entreveues de deux amis et des choses qu'il y faut observer.* —Les premieres entreveues de deux amiz ont leur place naturelle dans la scene d'exposition. Rien n'est si vraysemblable que leurs confidences reciproques et sur ce

qu'ils ont appris depuis qu'ils ne se sont
veus, et sur les mesures qu'ils jugent à propos de prendre, et sur les idées qu'ils ont
des personnages et des evenements. Le
spectateur s'instruit ainsi du sujet et de ses
principales circonstances avec une si grande
vraysemblance et avec une si grande facilité
que, de dix tragedies, il y en a quatre qui
commencent par une entreveüe de deux
amis.

La principale attention de l'autheur doit
etre de faire connoitre ce qui amene sur la
scene les amis interlocuteurs, et de les faire
parler d'abord de ce qui regarde leurs personnes et leur amitié.

> Ouy, puisque je retrouve un ami si fidele,
> Ma fortune va prendre une face nouvelle,
> Et déja son courroux semble s'etre adouci
> Depuis qu'elle a pris soin de nous rejoindre ici.
> Qui l'eut dit qu'un rivage á mes vœux si funeste
> Presenteroit d'abord Pilade aux yeux d'Oreste :
> Qu'apres plus de six mois, etc.

Mais, quand ces amis se retrouvent ensuite
dans le cours de la piece, ils ne doivent plus
s'amuser à reparler de leur amitié; il faut
qu'ils la metent à l'epreuve et qu'ils s'ex-
pliquent par des effets.

> Mais toy, dont la valeur d'Amurat oubliée

Par des communs chagrins à mon sort s'est lié,
Voudras-tu jusqu'au bout seconder ma fureur?

OSMIN.

Seigneur, vous m'outragés. Si vous mourés, je meurs [*].

Il y a cependant des cas où cette observation n'a pas lieu et où il faut joindre aux actions des discours et de l'etalage au milieu meme du nœud. Oreste et Pilade se retrouvent au palais de Thoas (Lagrange, tragedie d'*Oreste et Pilade*, acte troisieme, scene troisieme), dans l'instant qu'un des deux va etre immolé à la deesse des Scithes. L'attendrissement naturel dans ces moments et l'impuissance de se secourir leur arrachent des plaintes tendres et des protestations repetées de vouloir mourir l'un pour l'autre, qui auroient quelque chose d'affecté partout ailleurs, mais qui vont à merveille dans cet endroit.

Toi, mourir! que mon cœur consente à cette envie!
N'ajoute point ta mort aux crimes de ma vie.
Le trepas que j'attends ne demande que moi.
La douceur qui me reste est de revivre en toi.

Quoy-que les entrevues des deux amis

[*] Racine, tragédie de *Bajazet*, acte IV, scene VII.

ayent leur place naturelle au commencement de la Tragédie, pour faciliter l'exposition, il y a pourtant quelques pieces, et celle ci est du nombre, où elles ne se font qu'au milieu du nœud. Mais il ne faut pas alors qu'ils s'amusent à raconter, il faut qu'ils soyent d'abord en passion, et que l'etat terrible où ils se retrouvent fournisse au pathetique selon que l'action est plus ou moins avancée.

11. *Des entrevues des deux ennemis; de leurs differentes especes; de leur place convenable; des choses qu'il y faut éviter.* — Il faut d'abord distinguer trois sortes d'ennemis : les uns ne sont ennemis que par gloire et par ambition, tels que Sertorius et Pompée. Marquer de quelle façon ils doivent s'aborder, etc. Les autres, se haissent véritablement par penchants, comme Atrée et Thieste; d'autres enfin sont ennemis par devoir, sans se haïr, comme Oreste et Iphianasse. Les premiers fournissent plus au sublime; les seconds et les troisiemes fournissent plus au pathetique.

Il y en a encore d'une quatrieme espece, dont la haine est fondée sur le mépris d'une part, et de l'autre sur l'envie. Tels sont Regulus et Manilius : ils ne doivent se trouver ensemble que peu de temps, pendant lequel il faut peindre l'embarras de l'un et le dedain de l'autre. Comme la trahison est presque inséparable de l'envie, il faut que l'envieux soit traitre et que sa bassesse serve de motif à la fiere tranquilité de son ennemi. Regulus vient sur sa foy dans le camp des Romains leur proposer la paix, et leur ordonne de continuer la guerre quoy qu'il doive lui en couter la vie. (Act. 4e, scèn. 3e.)

> Sans vous embarasser du sort de Regulus,
> Pressez, pressez Carthage, et ne différés plus;
> Je l'ordonne en consul pour servir ma patrie :
> C'est le commandement le dernier de ma vie.

Tous reffusent d'obéir; ils jurent à Regulus de le sauver malgré luy, et d'accorder aux Carthaginois tout ce qu'ils demanderont pour sa rançon. Ce seul tribun Mannius, étonné, confus, ne dit pas un seul mot. Regulus, qui sait que ce tribun a livré à Asdrubal le dernier combat, se contente de lui dire :

> Pour vous, tribun, dont l'art, l'esprit et la prudence
> Gardent dans ces moments un si profond silence,
> Vous etiez comme moi par tout enveloppé !
> Comme des ennemis etes-vous echappé ?
> C'est vous... Quoy qu'il en soit, allez, je vous pardonne;
> A vos propres remords mon cœur vous abandonne.

Les entreveues de deux ennemis, de quelque espece qu'elles soient, ont ordinairement quelque chose de trop vif pour le premier acte et meme pour le second : il faut les placer dans les troisieme et quatrieme ; elles ont le degré de chaleur qui convient au milieu de l'action. Mais, si on les pousse jusque près le dénouement, ou si elles font ce dénouement, il faut quelque chose de plus tragique que des disputes et des menaces. Il faut que l'un gémisse dans les fers de l'autre ; que l'heureux veuille immoler aux yeux du vaincu expirant sa maîtresse, son père, ses enfants, etc.

Si les plus forts ou les vainqueurs sont d'un caractere généreux et que la vraisemblance des mœurs exige qu'ils pardonnent, il faut que les malheureux ou les vaincus reffusent la vie et qu'ils paroissent sur le theatre déjà percez de leurs propres coups : autrement une generosité mal placée arreterait nos larmes et nous priverait par là du veritable plaisir de la Tragedie. Enfin, j'ose le dire, ce n'est guere dans le cinquieme acte que les ennemis doivent se pardonner : il faut alors sacrifier l'admiration au pathetique ; c'est alors le cas d'être terrible plutot que vertueux. Les remords si louables de Gusman (*Alzire*, tragedie de Voltaire), et de Neotolème (*Pirrus*, tragedie de Crébillon), en présence de Zamore et de Pirrus, ne manquassent-ils pas de vraisemblance, qu'ils manqueraient toujours de chaleur. Cleopatre et Athalie attachent bien autrement en ramassant tout ce qui leur reste de vie pour charger d'imprécations les objets de leur haine. Que j'aime surtout à voir Athalie inspirer au grand prêtre autant de haine qu'elle en sent pour lui ! Bien loin de la plaindre, il la brave en l'envoyant au trepas.

Tes yeux cherchent en vain, tu ne peux échapper,
Et Dieu de toutes parts à sçû t'envelopper.
Ce Dieu que tu bravois en nos mains t'a livrée,
Rends luy compte du sang dont tu t'es enyvrée.
Allez, sacrés vengeurs de nos princes meurtris,
De leur sang par sa mort faire cesser les cris.
Si quelque audacieux embrasse sa querelle,
Qu'à la fureur du glaive on le livre avec elle.

Il ne craint pas de profaner la sainteté de son état par le meurtre de son ennemie : son ennemie était à la verité l'ennemie de Dieu. Mais de quel droit un pretre peut il punir un souverain ? Mais n'est-il pas contre les mœurs qu'Athalie soit la grandmère du roi, au nom et en la présence duquel Joad ordonne qu'elle soit égorgée ?

Si elle n'avoit été que détrônée et qu'on eut sacrifié le terrible à l'édifiant, ce dernier acte, si admirable malgré le manque de mœurs, aurait été d'un froid insupportable. Des entrevues de deux ennemis passons à celles des personnes qui craignent de se voir.

12. *Des entrevues des personnes qui craignent de se voir; de leurs differentes especes; de la place qui leur convient.* — Ces entrevues sont de plusieurs especes. Quelquefois les deux personnes redoutent également leurs presences reciproques : tels sont Herode et Marianne (tragedie de Voltaire), Zaire et son frère (tragedie de Voltaire). D'autres fois une des deux personnes souhaite une entrevue autant que l'autre la craint; tels sont (*Mitridate* de Racine, act. 1er, scène 3me) Pharnace et Monime (*Britannicus* de Racine, act. 2e, scène 6e), Britanicus et Junie.

Quand les deux personnes craignent également de se voir, il faut mettre une espece de desordre dans les premières choses qu'ils se disent de part et d'autre. Il faut aussi leur donner des mouvemens qui caracterisent et qui fassent sentir les causes réciproques de leur embarras. Le cruel, le jaloux Herode appréhande les reproches de son épouse, dont il a égorgé toute la famille et jusqu'à leurs propres enfants. La cruauté, la fureur, doivent paroitre à travers ses transports les plus tendres et effrayer Marianne : Marianne, de son côté, redoute l'aspect d'un époux qu'elle deteste malgré elle; son antipatie et son mépris doivent paroitre a travers toute la vertu de ses discours et effaroucher Hérode : ils doivent enfin quitter la scène desesperez de s'etre vus et plus irritez qu'auparavant, ainsy qu'ils auroient sçu le prevoir.

Mais, quoy que Zaire et son frère craignent d'abord de se voir, ils ne sont point fachez ensuite de s'être vûs : il est vray que Nerestan frémit en abordant une sœur mahometane; que Zaire s'epouvante de ce que son frere vient l'arracher à son amant; mais le sang et l'amitié les raprochent insensiblement, malgré l'opposition de leurs mouvemens. Leur attendrissement et la douceur de leurs caracteres excitent plus de pitié, le farouche Herode et la superbe Marianne excitent plus de terreur.

On voit, par l'exemple de Zaire et de son frere, que quelque fois les raisons de se craindre diminuent beaucoup par la presence; quelque fois même elles sont entierement détruites par la découverte de quelque evenement, par la defance, ou par la reflexion : alors les mouvements de joye et de surprise sont plus ou moins touchants selon qu'on avoit eté plus ou moins brouillé, plus ou moins malheureux. Car il faut bien se souvenir de ce que j'ay dit ailleurs de la joye : elle n'est propre à la tragedie qu'autant qu'elle est melée de pitié ou de terreur par le souvenir des maux passez, ou par la crainte des maux à venir.

Quand l'entrevue de deux acteurs ne fait souffrir que l'un des deux, il faut donner à l'autre quelque passion qui augmente encore l'embarras du premier; il faut opposer, par exemple, l'impétuosité à la timidité, l'empressement à la retenue. Britannicus vole vers Junie, qu'il cherchait depuis long-temps; tous ses sens ne suffisent point pour exprimer sa joye; mais Junie, qui sçait que Neron est caché derrière un rideau,

> Pret à faire sur eux eclater la vengeance
> D'un geste confident de leur intelligeance,

donneroit sa vie pour que son amant parut moins empressé. Je diray en passant qu'il y a peu de scenes où l'on puisse mieux etudier que dans celle-cy de quelle façon il faut peindre la contrainte et faire parler les passions qui veulent se taire.

De toutes les entrevues possibles il ny en a pas de plus théâtrales que celles des personnes qui craignent de se voir : deux amis qui veulent mourir l'un pour l'autre, deux ennemis qui se menacent et qui se bravent, ne remuent, ne touchent, n'effrayent pas tant que deux hommes, par exemple, qui, malheureux l'un par l'autre, ne peuvent se trouver ensemble sans irriter avec leurs maux les passions qui les ont causez et celles qui les suivent. Quand Andronic et son pere se trouvent ensemble sur la scene, dix passions differentes s'elevent à la fois dans leur cœur : Andronic voit dans le maitre de sa vie, qu'il faut menager, le ravisseur de sa maitresse, qu'il voudroit punir, l'autheur de ses jours, qu'il doit respecter ; il voit enfin dans un homme qui l'oblige de tomber à ses genoux un monstre qui lui ote tout à la fois sa maitresse, sa reputation, l'empire et la vie. Paleologue voit à son tour dans Andronic (*Andronic*, trag. de Campistron, acte II, scène 9) un fils révolté, un rival aimé, et un ennemi irréconciliable. Que ne doivent point sentir ces deux hommes en s'abordant ! Quels mouvements ne doivent pas exciter en nous la multitude et la rapidité des mouvemens qu'excitent en eux leur contrainte et leurs reproches! Remarqués que ce n'est pas leur inimitié qui échauffe cette scene, mais ce qu'ils souffrent de leur presence reciproque. Ces entrevues fournissent des situations si vives qu'il faut les garder pour achever le nœud et pour preceder immediatement le denoûement. C'est ainsi qu'en ont usé Campistron et M. de Voltaire dans l'*Andronic* et dans la *Marianne*.

Des differentes sortes d'entrevues passons aux differentes sortes de propositions extraordinaires.

13. *Des propositions extraordinaires et de leurs differentes especes.* — Les propositions extraordinaires sont celles qui sont opposées ou à l'interest, ou au devoir, ou aux passions de ceux à qui on parle, et celles dont l'exécution paroit d'une difficulté presque insurmontable. Celles qui ne sont opposées qu'à l'interest ne sont pas susceptibles de beaucoup de beautés et ne doivent servir qu'à caractériser dans les premiers actes la finesse, la liberté, ou la supériorité de génie, de celuy quy parle et le desinteressement ou l'amitié de celui à qui il parle.

14. *De la place des propositions opposées au devoir, et des choses qu'il y faut observer.* — Celles qui sont opposeez au de-

voir ont assez de chaleur pour faire et pour continuer le nœud. Quand on y en mêt plus d'une, il faut que la plus frapante soit placée la dernière. C'est ainsi que Corneille noüe l'action de Rodogune par la surprenante proposition que Cleopatre fait à ses fils de tuer leur maitresse et qu'il la continue par la proposition encor plus surprenante que Rodogune fait à ses amans de tuer leur mère.

Une autre chose absolument nécessaire, c'est de ne jamais rien proposer qui soit directement contraire au devoir sans y joindre des motifs capables d'entraîner l'ame et de vaincre l'horreur qu'elle a toujours pour les crimes. Cleopatre veut perdre Rodogune, elle ne le peut faire impunément qu'avec le secours d'un de ses fils, mais elle sent qu'il faut un throne pour tenter leur vertu :

* Entre deux fils que j'aime avec meme tendresse,
Embrasser ma querelle est le seul droit d'aînesse.
La mort de Rodogune en nommera l'ainé.
Quoy! vous montrez tous deux un visage etonné !
Sans ce gage, de vous ma haine se deffie :
Ce n'est qu'en m'imitant que l'on me justiffie.
Rien ne vous sert ici de faire les surpris.
Je vous le dis encor, le trone est à ce prix.
Je puis en disposer comme de ma conquete ;

* *Rodogune*, tragedie de Corneille, ac. II, sc. 3.

Point d'aîné, point de roy, qu'en m'apportant sa tete;
Et puisque mon seul choix vous y peut elever,
Pour jouir de mon crime, il le faut achever.

Mais si Cleopatre leur offre un trone pour tuer leur maitresse, Rodogune offre sa main à celui qui tuera sa mere (*Rodogune*, acte III, scene 4). Pour gagner Rodogune il faut perdre une mere :

Je me donne à ce prix, osez me meriter,
Et voyez qui de vous daignera m'accepter.
Adieu, princes.

En effet on voit bien qu'il y auroit de la puerilité à proposer des actions qui révoltent la nature et le devoir si l'on ne proposoit pas en même temps des prix proportionnez aux efforts qu'on exige.

15. *Des propositions opposées aux passions. Des choses qu'il y faut observer.* — Quant aux propositions opposées aux passions dominantes, nul prix, nulle récompense, nulle loy, ne peuvent les faire accepter. Une passion ne peut jamais être vaincue que par une plus forte : le devoir meme ne triomphe dans les vertueux que parce que l'amour de la reputation ou de la paix interieure est une plus forte passion.

On ne peut donc combiner avec trop de soin les differents degrez des passions des personnages, pour voir quelles sont les propositions qu'ils doivent vray semblablement, accepter ou rejeter. Ainsi il ne s'agit pas d'examiner, comme l'on fait ordinairement, si un acteur peut ou ne peut pas prendre une telle resolution sans blesser les bonnes mœurs; il s'agit de peser si la passion qui l'y porte est plus forte que celle qui l'en éloigne.

Le meslange et l'opposition de deux passions peuvent bien faire hésiter plus ou moins selon qu'elles sont plus ou moins en équilibre; mais la plus pesante, qu'on me passe ce terme, doit enfin faire pancher la balance et déterminer la volonté.

Peu d'auteurs ont assez de genie pour mettre cette règle à profit; peu sçavent distinguer les differents degrez qu'ils ont donné aux diverses passions de leurs personnages et arranger les evenements en consequence. Presque tous les poetes se croyent les maitres des mouvemens et de la volonté des acteurs pendant tout le cours de la tragedie. Ils ne voyent pas qu'il y a une suite necessaire contre toutes les idées et sur les mouvemens des hommes; que telles idées ne peuvent exciter que telles idées et tels mouvemens; de mesme que tels mouvemens ne peuvent exciter que tels mouvemens et telles idées.

Cette reflexion est des plus essentielles; elle n'a pas lieu seulement dans l'examen des propositions qu'il faut faire accepter ou rejeter, mais dans le choix de toutes les actions et de toutes les pensées.

Propositions extraordinaires opposées à l'interet, opposées au devoir et aux passions; nous avons vu comme il faloit s'en servir: parlons maintenant de celles dont l'exécution paroit presque impossible.

16. *Des propositions dont l'execution paroit presque impossible; de la place où il faut les employer.* — Elles ont leur place ordinaire dans les scenes de desliberation politique: elles doivent être faites par des gens d'un genie superieur et d'une experience consommée: il faut qu'ils en sentent eux memes toutes les difficultez; que ceux qui les écoutent en paroissent effrayez; il est bon qu'elles soyent l'effet du devoir ou de la necessité, toutes ces precautions sont gardées dans la proposition que Mitridate fait à ses enfants d'aller assieger Rome lorsque les Romains viennent presque inonder l'Asie.

* Des biens des nations ravisseurs alterez,
Le bruit de nos tresors les a tous attirez :
Ils y courent en foule, et, jaloux l'un de l'autre,
Desertent leurs païs pour inonder le nôtre.
Moi seul je leur resiste. Ou lassez, ou soumis,
Ma funeste amitié pese à tous mes amis.
Chacun à ce fardeau veut derober sa tete.
Le grand nom de Pompée assure sa conquête.
C'est l'effroy de l'Asie, et loin de l'y chercher,
C'est à Rome, mes fils, que je pretends marcher.
Ce dessein vous surprend, et vous croyez peut etre
Que le seul desespoir aujourd'huy le fait naître.
J'excuse votre erreur, et pour être approuvez,
De semblables projets veulent être achevez.

Lisez toute la scene : vous y verrez plus sensiblement les beautez dont j'ay parlé au commencement de cet article.

17. *De la decouverte de certains evenemens.* — Les decouvertes des evenements qui arrivent pendant la tragedie fournissent autant de situations differentes qu'il peut arriver d'evenements differents, ce qui va comme l'on voit à l'infini.

Les plus ordinaires sont : le bonheur d'un rival, la trahison d'un sujet, la victoire ou la deffaite d'un ennemy, la mort de ceux que l'on aime ou que l'on hait.

Ils font plus d'effet dans un endroit que dans un autre ; mais sans entrer dans le

---

* *Mitridate*, tragedie de Racine, ac. III, sc. 1.

détail, je me contenteray de dire icy que la découverte des trois premiers est propre à continuer le nœud, en faisant prendre des mesures qui éloignent l'evenement principal; mais elle ne fourniroit pas des mouvements assez vifs pour faire ou pour continuer le denouement. Au contraire la nouvelle de la mort de ceux que l'on aime ou que l'on hait doit faire, autant qu'on peut, le changement de fortune et meme la catastrophe, et cela parce que l'interest que le spectateur a pris pour quelqu'un se reveille toujours vivement à la nouvelle de son trepas ; on le plaint non seulement de ce qu'il a souffert en mourant, mais encore de ce qu'il a souffert dans le cours de l'action.

18. *De la place des surprises et de la façon de les traiter.* — Les surprises peuvent bien preparer le denouement, en donnant des soupçons et en apprenant quelques faits, mais il est difficile qu'elles l'achevent, parce qu'il est difficile qu'elles changent totalement la fortune des acteurs.

Leur place ordinaire est dans le nœud; elles y aident à remplir et à animer l'action.

Elles reussissent presque toujours, parce qu'il n'est pas difficile de les traiter ; il n'y a qu'à faire arriver l'acteur à qui les autres veulent se cacher : leur seule entrevue excite la surprise, sans qu'il soit besoin d'autre art.

Tout ce qu'on peut observer c'est de faire paroitre celui qui surprend, dans l'instant que les autres disent ou font des choses qui les découvrent en quelque façon jusqu'au fond du cœur. C'est ainsi que Neron surprend son rival avec sa maitresse au moment qu'il lui baisoit la main et qu'il embrassoit ses genoux.

* Prince, continués des transports si charmants.
Je conçois vos bontez par ses empressements.
Madame, à vos genoux je viens de le surprendre, etc.

Plus leur amour éclate aux yeux de Neron, plus il est jaloux, plus ils sont en danger, et plus le spectateur est émû.

19. *De la place des querelles et de la façon de les traiter.* — Les querelles servent à remplir et à animer le nœud, de meme que les surprises, dont tres souvent elles sont les suites, comme dans la scene que nous venons de citer. Il est absolument necessaire qu'un héro insulte qui a osé l'épier, à moins que ce ne fût son pere ou son roy.

Mais que les heros se querelent en héros, qu'ils se bravent et ne s'injurient pas. La

* *Britannicus*, tragedie de Racine, ac. III, sc. 8.

declaration de la guerre, les defis personnels, voila à quoi doivent aboutir leurs disputes. Leurs conversations ne seauroient jamais être ny assez courtes ny assez tumultueuses ; il faut qu'ils se coupent la parolle à chaque instant et qu'ils peignent par l'impetuosité de leur stile l'impetuosité de leurs mouvements.

* Et que me fait à moy cette Troye où je cours ?
Jamais vaisseaux partis des rives du Scamandre
Aux champs Thessaliens oserent-t'ils descendre ?
Et jamais dans la lice un lache ravisseur
Me vint-t'il enlever ou ma femme ou ma sœur ?
Qu'ay-je à me plaindre ? Où sont les pertes que j'ay faites ?
Je ni vay que pour vous, barbare que vous êtes.
Je ne connois Priam, Heleine, ni Paris ;
Je voulois votre fille : et ne pars qu'à ce prix.

AGAMENNON.

Fuyez donc ; retournez dans votre Thessalie,
Moi-même je vous rends le serment qui vous lie.
Fuyez : je ne crains point votre impuissant courroux :
Et je rompts tous les nœuds qui m'attachent à vous.

ACHILLE.

Rendez grâce au seul nœud qui retient ma colere :
D'Iphigenie encor je respecte le pere.
Peut-etre, sans ce nom, le chef de tant de Roys
M'auroit osé braver pour la derniere fois.

* *Iphigenie*, tragedie de Racine, ac. IV, sc. 6.

Je ne dis plus qu'un mot, c'est à vous de m'entendre.
J'ay votre fille ensemble et ma gloire à deffendre.
Pour aller jusqu'au cœur que vous voulez percer,
Voila par quel chemin vos coups doivent passer.

Voila la colere d'Achille, c'est-à-dire du plus fougueux de tous les heros rendu encor plus violent par l'amour ; cependant le mot de *barbare* est la seule expression injurieuse dont il se serve contre Agamennon.

Mais les femmes du plus haut rang peuvent s'insulter sans se degrader, parce que des injures piquantes sont les coups les plus terribles qu'elles puissent se porter. Aussi Corneille n'a point eu de peine de mettre sur le theatre deux grandes reines qui s'accusent réciproquement de meurtre sans aucune preuve. Il est vray que la noblesse du stile semble relever, illustrer la bassesse des injures.

CLEOPATRE.

* Mais, ô Dieux ! quelle rage est la vôtre !
Quand je vous donne un fils, vous assassinez l'autre,
Et m'enlevez soudain mon unique soutien.

RODOGUNE.

Ah ! votre bras au crime est plus fait que le mien,

* *Rodogune*, tragedie de Corneille, ac. V, sc. 4.

Et qui sur un epoux fit son apprentissage,
A bien pû sur un fils achever son ouvrage.

Des hommes n'auroient pas dû peut-etre se quereller ainsi.

20. *Des brouilleries des amans.* — Les disputes et les brouilleries des amans doivent etre traitées avec plus de détail et de finesse. La colere ordinaire est une passion grossiere qui n'excite guère que des mouvements d'impetuosité et de haine; mais la colere des amans est une passion melée de dix autres passions qui en varient à l'infini et le caractere et les mouvements; telles sont la jalousie, l'esperance, les regrets, l'attendrissement, etc. Il faut donc étudier ce meslange et les effets qu'il produit.

Il faut surtout que l'amour paroisse à travers la colere et qu'il éclate tout à coup au milieu des transports les plus furieux.

ROXANE.

* Non, je ne veux plus rien,
Ne m'importune plus de tes raisons forcées.
Je vois combien tes vœux sont loin de mes pensées.
Je ne te presse plus, ingrat, d'y consentir.
Rentre dans le neant dont je t'ay fait sortir.
Va, je m'assure encor aux bontez de ton frere :

* *Bajazet,* tragedie de Racine, ac. II, sc. 1.

Il m'aime, tu le sais, et malgré sa colere,
Dans ton perfide sang je puis tout expier,
Et ta mort suffira pour me justifier.
N'en doute point, j'y cours ; et dez ce moment meme.
Bajazet, ecoutez, je sens que je vous aime.
Vous vous perdez, gardez de me laisser sortir.
Le chemin est encore ouvert au repentir.
Ne desesperez point une amante en furie.
S'il m'echapoit un mot, c'est fait de vôtre vie.

Ce passage, ces chutes subites des menaces aux prieres et de la violence à l'attendrissement, sont absolument necessaires dans les quereles des amans. Qu'elles peignent bien la nature et qu'elles jettent un grand feu dans l'action ! Voyons encore un exemple. Aristie se met dans une fureur étonnante contre Pompée qui l'a repudiée pour épouser la niece de Sylla. Pompée, piqué, lui dit :

* Vous oubliés trop tot que j'etois vôtre epoux.

ARISTIE.

Ah! si ce nom vous plait, je suis encor à vous.
Voila ma main, Seigneur.

Mon Dieu ! que cela est beau. Elle reprend bientost sa fierté et sa fureur quand elle voit que sa tendresse excessive ne pro-

* *Sertorius,* tragedie de Corneille, acte III, scène 2.

duit rien; et c'est encor là ce qui arrive dans la nature. Pompée s'est contenté de lui repondre :

    Gardez-la moi, madame.

ARISTIE.

Tandis que vous avez à Rome une autre femme,
Que par un autre hymen vous me deshonnorez?
Me punissent les Dieux que vous avez jurez,
Si passé ce moment, et hors de vôtre vuë,
Je vous garde une foi que vous avez rompuë.

POMPÉE.

Qu'allés vous faire, hélas!

ARISTIE.

    Ce que vous m'enseignez.

POMPÉE.

Eteindre un tel amour!

ARISTIE.

    Vous-meme l'eteignez.

POMPÉE.

La victoire aura droit de le faire renaitre.

ARISTIE.

Si ma haine est trop foible, elle la fera croitre.

POMPÉE.

Pourrés vous me hair?

ARISTIE.

J'en fais tous mes souhaits.

POMPÉE.

Adieu donc pour deux jours.

ARISTIE.

Adieu pour tout jamais.

Voilà comme il faut traiter les grandes quereles des amans. Quant à leurs petites brouilleries, je n'en diray rien. Elles sont susceptibles, il est vray, de quelques peintures naïfves, de quelques mouvemens assez interessants; on peut y mettre de la finesse d'esprit, on peut y peindre la délicatesse des sentimens; mais c'est de la terreur ou tout au moins de la pitié qu'il y faudroit, et il ne sçauroit y en avoir.

21. *Des déclarations d'amour et des situations heureuses des amans.* — Si les quereles des amans manquent presque toujours de cette chaleur et de ce terrible qui soutiennent une action tragique, que sera ce de leurs declarations, de leurs promesses, de leurs éloges, et de tout ce qu'ils se disent dans l'excez de leur joye! Tout cela n'est supportable que quand il sert à les rendre en suite plus à plaindre lorsque le

devoir ou la force viennent les arracher l'un à l'autre.

Voyez pourtant ce que j'ai dit, dans la seconde section (chap. VI, art. 2), sur la jalousie jointe à l'amour. Vous y verrez que les déclarations, les sermens, les plaintes d'un jaloux sont tres propres à soutenir la chaleur de l'action. Ce que j'ay dit de la jalousie se peut entendre de beaucoup d'autres passions : jointes à l'amour, elles luy donnent une force qu'il n'a pas en luy même. La vertu et la férocité d'Hipolite font qu'il n'enuye point avec Aricie. Si Phedre ne ressentoit pas autant de terreur que de satisfaction en decouvrant sa passion à Hipolite, elle n'exciteroit aucun mouvement dans les spectateurs. C'est donc moins par l'amour que par les passions qu'il y a jointes que le grand Racine nous attache au sort de ses amans.

Voila à peu pres toutes les differentes façons d'employer les dix situations où se rapportent toutes les autres situations particulieres et momentanées, c'est-à-dire qui ne durent que l'espace d'une ou de deux scenes et qui sont particulieres à un ou deux acteurs.

Recapitulation de toute la section. — L'ordre n'excite pas le pathetique, mais il le fait apercevoir et sentir. Il renferme tout ce qui concerne l'exposition, le nœud, le denouement; les trois unités de temps, de lieu et d'action; la place et le genre de certaines scenes, de certaines pensées et de certaines situations.

L'exposition doit etre entiere, courte, claire, interessante et vraysemblable.

Le nœud est formé par les evenements particuliers qui, en melant et en changeant les interests et les passions, prolongent l'action et eloignent l'evenement principal. Ces evenements doivent être vraysemblables, mis en action autant que cela est possible, pris dans le sujet, et placés plus pres du denouement à mesure qu'ils sont plus pathetiques.

Le changement de fortune en l'autre pour le principal ou pour les principaux acteurs separe le nœud du denouement; tout ce qui precede ce changement avec ce qui le suit fait le denouement. Ce denouement est different de la catastrophe; il ne doit jamais se faire avant la fin du 4ᵉ acte.

Les fausses catastrophes le continuent. Elles doivent etre, aussy bien que lui, indiquées et comme preparées dans le nœud; elles ne doivent point etre l'effet d'un simple changement de volonté; la machine et les oracles n'ont pas plus de vraysemblance.

La catastrophe doit finir la piece et terminer tous les evenements et meme tous les recits. Elle se confond quelque fois avec le denouement. Elle devient plus vive.

L'unité de lieu augmente l'effet des passions; cependant les fautes qu'on peut y faire sont de peu de consequence, à moins qu'elles ne soient excessives.

L'unité de temps est facile à observer pour la durée de l'action en general; mais il est difficile de donner une durée vray semblable à chaque evenement en particulier.

L'unité d'action est la plus essentielle. Il faut eviter trois choses : l'episode ou les doubles actions; les actions successives et le trop grand nombre d'evenements.

L'exposition, le nœud, le denouement, les trois unités, voilà ce que renferme l'ordre ordinaire dont tous les autheurs ont donné des regles. Mais il est un autre ordre, aussi necessaire et moins connû, qui consiste à donner sa place à chaque chose et à metre les scenes, les pensées et les situations dans les endroits ou elles remûent le cœur plus facilement et plus fortement.

Les scenes se divisent en scenes de narrations, de liaison, d'action et de deliberation.

Les scenes de narration racontent ce qui a precedé l'action et ce qui arrive pendant sa durée. Celles qui contiennent les evenements anterieurs à l'action sont distribuées de façon que la plus longue et la plus generale commence le premier acte; la plus détaillée finit ce même acte ou commence le second; et la plus pathetique est reservée pour le milieu du nœud. Celles qui racontent les evenements presens doivent etre vives et pressées, et ont leur place partout. Ces evenements doivent, autant qu'il se peut, arriver pendant les entre actes et etre d'une nature à ne pouvoir pas etre representez.

Les scenes de liaison sont faite pour rappeler les evenements eloignez et les lier avec les evenements presents. On place ces scenes au commencement ou à la fin de l'acte. Quand c'est au commencement, elles doivent rappeler tout ce qui s'est passé depuis la fin de l'acte precedent jusqu'alors; et quand c'est à la fin, elles doivent indiquer tout ce qui arrivera jusqu'au commencement de l'acte suivant. Dans les pieces où il y a deux actions, on employe des scenes de liaison au milieu meme d'un acte, pour renouer le fil de celle des deux actions qui avoit eté suspendue par l'autre.

Les scenes d'action ne sçauroient etre trop nombreuses; elles ont leurs places dans tous les actes.

Les scenes de deliberation se divisent en scenes de deliberation raisonnée et de deliberation pathetique. Celles de deliberation raisonnée doivent être écrittes d'un stile pompeux et etre employées dans le 2ᵉ et le 3ᵉ acte; celles de deliberation pathetique doivent etre placés immediatement avant le denouement et etre écrittes d'un stile pressé et sans ornement.

Les pensées se divisent en sentences ou reflexions morales et generales, en reflexions particulieres et reduites à l'hypothèse, et en simples idées.

Les sentences ne sont propres à la tragedie que dans trois cas : 1° pour faire connoitre dans l'exposition ce que l'on doit attendre du caractere d'un acteur; 2° pour etablir une maxime, dans une scene de deliberation ou à la fin de la tragedie; enfin pour exprimer un mouvement de quelque passion.

Les reflexions particulieres et reduites à l'hypothese ont leurs places naturelles dans les scenes d'exposition et dans les scenes à fauteüil ; on en met aussi dans les scenes de passion, pourvû que l'état et le caractere des personnages rendent vraysemblable ce melange des mouvements et des raisonnements.

Les simples idées se divisent en idées qui peignent les personnes, en idées qui peignent les passions, en idées qui peignent à la fois les passions et les personnes, et en idées qui ne peignent ni les passions ni les personnes.

Celles qui peignent les personnes sont necessaires dans l'exposition et dans les scenes où il importe au pathetique qu'on connoisse bien ces personnes.

Celles qui peignent les passions doivent etre reservées pour les endroits où l'autheur veut attacher particulierement le spectateur.

Celles qui peignent à la fois les passions et les personnes sont très-rares. Elles font les grandes beautés de la tragedie; il faut autant qu'on peut les garder pour le denoûement.

Celles qui ne peignent ni les passions ni les personnes sont deplacées partout, quelques belles qu'elles soient.

Les situations se divisent en situations essentielles et en situations momentanées.

Les situations essentielles sont : l'opposition des passions au devoir, l'opposition d'une passion avec une autre dans le meme homme, l'opposition des passions d'un acteur aux passions d'un autre acteur. Elles sont generales et perpetuelles, parce que tous les acteurs doivent etre necessairement dans une des trois pendant toute la piece.

Les situations momentanées sont celles qui sont particulieres à quelques acteurs et qui ne durent que l'espace de quelques scenes. Elles se reduisent toutes à dix, qui sont : les reconnoissances, les entrevues de deux amis, celles de deux ennemis, celles de deux personnes qui craignent de se voir; la découverte de certains evenemens, les propositions extraordinaires, les surprises, les quereles, les brouilleries des amans et les declarations d'amour.

Les reconnoissances se divisent en reconnoissances mutuelles, en reconnoissances d'une seule personne, et en reconnoissances de soi-même. Celles des deux premieres espèces doivent preparer le denouement, et celles de la troisième doivent le faire. Elles sont toutes tres propres à échauffer la scene.

Les entrevues de deux amis se font ordinairement dans l'exposition; on ne doit point les employer en protestations quand elles se font dans le cours de l'action.

Les entrevues de deux amis sont de plusieurs especes et doivent etre traitées differemment ; mais elles ne peuvent jamais se faire dans le premier acte ; celles qui se font au cinquieme doivent toujours etre ensanglantées.

Les entrevues des gens qui craignent de se voir doivent aussi etre traitées differemment suivant leurs differentes especes. Il n'y a pas de situations momentanées qui fournissent plus à la passion ; il faut les placer immediatement avant le denouement.

Les propositions extraordinaires sont de quatre espèces : les unes sont opposées à l'interet, les autres au devoir, les troisiemes le sont aux passions, et les quatriemes sont celles dont l'exécution est d'une extreme difficulté. Elles doivent etre placées et traitées differemment selon leurs differentes especes.

Les surprises servent à remplir et à animer le nœud ; elles sont faciles à traiter ; elles produisent souvent les querelles.

Les querelles ont à peu pres la meme place que les surprises ; celles des hommes doivent avoir plus de dignité et celles des femmes plus d'impetuosité.

Les querelles des amans sont susceptibles de beaucoup d'art. Il faut surtout que l'amour y paroisse au milieu du plus ardent courroux : leurs petites brouilleries n'ont point assez de force pour la tragedie.

Les declarations d'amour, les sermens, les éloges des amans et tout ce quils se disent dans les moments de leur joye, n'est supportable qu'autant qu'ils en semblent plus à plaindre, quand la force ou le devoir les arrachent ensuite l'un à l'autre. L'amour ne peut émouvoir puissamment qu'en se joignant à quelque autre passion.

SECTION CINQUIEME

DU STILE

Cinquieme et dernier moyen d'exciter la terreur et la pitié.

Le stile renferme toutes les beautez qui sont particulieres à la poesie, et ce n'est que par des beautés de stile qu'elle differe de la prose. La multitude et la vivacité des images, la hardiesse des figures, qui ne sont au fond que des beautez de stile, la mesure et la rime, la cadance, la temerité de l'expression : voila ce qui la caracterise. Pour ce qui regarde les idées fortes, elles lui sont communes avec l'éloquence; elle n'a de particulier que la façon de les exprimer.

1. *L'harmonie et l'expression sont les deux principales beautez du stile.* — Toutes

ces beautez se peuvent rapporter à deux principales, qui sont l'harmonie et l'expression.

L'harmonie consiste dans une certaine suite de mots, dans de certains rapports des sons qui donnent aux vers de l'éclat et de la douceur. Cette douceur, cet éclat, charment l'oreille, et rendent les idées plus sensibles en y attirant et en y fixant l'esprit par le plaisir.

Mais quand l'harmonie a excité l'attention de l'ame, il faut ensuite que les expressions particulieres à chaque idée, à chaque caractère et à chaque passion présentent vivement et distinctement à cette ame l'idée, le caractère et la passion que l'on a voulu exprimer.

Ce sont ces differentes expressions de chaque chose dans les hommes en general, et d'une meme chose dans chaque homme en particulier, que nous allons etudier dans cette section. Je ne crois pas d'en pouvoir donner une idée plus distincte qu'en les comparant avec les differentes expressions qui dans la peinture representent sur un meme visage la difference des mouvements divers, et sur les visages differents les differences du meme mouvement.

Mais, dira-t'on, il n'y a qu'une seule

construction qui soit exactement reguliere ; de plus, il n'y a point de mots veritablement sinonimes : donc il n'y a qu'un meme son de phrase pour exprimer toutes les passions ; donc il n'y a qu'un meme mot qui puisse rendre parfaitement une meme idée.

A cela je repons que tous les hommes ont les memes traits, que ces traits ont à peu près dans tous la meme proportion, et que cependant c'est par leurs differences que la peinture exprime la difference des pensées et des mouvements non-seulement de plusieurs hommes, mais d'un meme homme. En effet une irritation dans un coté de la bouche, un œil plus ou moins ouvert, une ride dans tel endroit du front, peignent ou l'effroy, ou la langueur, ou les noirs soucis. On ne viole point pour cela les proportions, ce seroit estropier les figures ; on remue, on élargit, on rapetisse les autres parties du visage, en maniere quelles restent toujours toutes entr'elles dans leurs proportions naturelles.

Ainsi, dans la poésie il ne faut jamais violer les regles de la grammaire ny employer des mots foibles ; mais il faut connoitre les divers degrés de force et les divers sens que les differentes places donnent à un même mot ; il faut étudier les differences infinies qu'il peut y avoir dans la construction generale, quoy qu'elle soit toujours la meme essentiellement; il faut enfin se servir de ces differences accidenteles pour caracteriser les differentes expressions de toutes les idées, de toutes les passions et de tous les caracteres.

2. *Division de la section.* — Nous allons donc voir dabort qu'il y a un stile qui est propre à la tragedie en general.

Nous verrons ensuite qu'il y en a un qui est plus propre à chaque acte en particulier.

Nous verrons ensuite qu'il y en a un qui est plus propre à chaque acte en particulier.

Nous verrons enfin qu'il y en a un plus particulier

A chaque siecle,
A chaque païs,
A chaque état,
A chaque age,
A chaque caractere,
A toutes les passions en general,
A chaque passion en particulier,
Et enfin à chaque situation.

Chapitre Premier.

DU STILE PROPRE A LA TRAGEDIE EN GENERAL

ET A CHAQUE ACTE EN PARTICULIER.

Le stile de la tragedie doit etre sublime. Le stile de la tragedie doit etre en general sublime, vif, harmonieux et elegant.

Il doit etre sublime, et inspirer par là du respect pour les personnages; on regarde et on écoute avec beaucoup d'attention ceux qui parlent d'un stile qui a un caractere de grandeur et de singularité, deux choses qui affectent extraordinairement l'imagination.

Mais ce sublime doit rester à la portée de la multitude; de sorte qu'une expression magnifique dans la traduction d'un pseaume seroit ridicule dans une tragedie, parce que la pluspart des spectateurs n'y comprendroient rien.

> * Pleine d'horreur et de respect,
> La terre a tressailli sur ses voutes brisées ;
> Les monts, fondus à son aspect,
> S'écoulent dans le sein des ondes embrasées.

Le langage de la tragedie ne va pas si fort au delà du langage ordinaire ; voicy jusqu'où il peut s'élever :

> ** Au seul son de sa voix la mer fuit, le ciel tremble.

A la voix du Seigneur, Racine fait fuir la mer ; mais il n'embraze pas les ondes et n'y fait pas couler les montagnes fondues.

2. *Le stile de la tragedie doit etre vif.* — Il suffit pour la noblesse de l'action que le stile soit souvent sublime ; mais il doit toujours etre vif, parce que ceux qui parlent sur le theatre sont toujours dans la passion. Ainsi les antitheses, les idées repetées dans des termes differens, les reflexions allongées ou multipliées, sont les plus grands deffauts de la tragedie, parce que toutes ces choses ont un air d'affectation et de langueur entierement opposé à l'air naturel et impetueux de la passion.

On ne prend point assez garde surtout

---

* Rousseau, VIIIe Ode sacrée, strophe 4.
** *Esther*, tragédie de Racine, acte I, scène 3.

que tout ce qui sent l'affectation n'a point de veritable vivacité. Severe croit-il etre bien touchant en assurant Pauline qu'il va chercher la mort?

* Si toutefois, apres ce coup mortel du sort,
Il a de vie assez pour chercher une mort.

Oh! que Corneille est bien autrement vif dans les deux morceaux que je vais citer. Il est à remarquer qu'ils tirent tout leur feu de leur simplicité.

SEVERE.

Puisse le juste ciel, content de ma ruine,
Combler d'heur et de jours, Polieucte et Pauline.

PAULINE.

Puisse trouver Severe, apres tant de malheurs,
Une felicité digne de sa valeur.

SEVERE.

Il la trouvoit en vous.

PAULINE.

Je dependois d'un pere.

SEVERE.

O devoir qui me perd et qui me desespere!
Adieu, trop vertueux objet, et trop charmant.

* *Polieucte*, tragédie de Corneille, acte II, scène 2.

PAULINE.

Adieu, trop malheureux et trop parfait amant.

Pourquoy ce morceau là est-il si vif? Parce qu'il est naturel et qu'on y voit le cœur tout nû.

La même raison donne encore plus de force à l'exemple suivant.

POLIEUCTE.

La prostitution, l'adultere, l'inceste,
Le vol, l'assassinat et tout ce qu'on deteste,
C'est l'exemple qu'à suivre offrent vos immortels.
J'ay prophané leur temple et brisé leurs autels,
Je le ferois encor si j'avois à le faire,
Meme aux yeux de Felix, meme aux yeux de Severe,
Meme aux yeux du Senat, aux yeux de l'Empereur.

FELIX.

Enfin, ma bonté cede à ma juste fureur,
Adore-les, ou meurs.

POLIEUCTE.

Je suis chretien.

FELIX.

      Impie.
Adore-les, te dis-je, ou renonce à la vie.

POLIEUCTE.

Je suis chretien.

FELIX.

   Tu l'es? ô cœur trop obstiné !
Soldats, exécutés l'ordre que j'ay donné.

PAULINE.

Où le conduisez-vous ?

FELIX.

    A la mort.

POLIEUCTE.
        A la gloire.
Chere Pauline, adieu, conservez ma memoire.

Il est difficile de trouver quelque chose de plus vif, mais aussi n'est-il pas impossible de trouver quelque chose qui soit aussi naturel?

Le sublime, la vivacité, voilà les deux principales qualitez du stile de la tragedie. Il faut y joindre l'harmonie et l'élégance.

3. *Le stile de la tragedie doit etre harmonieux. Il y a deux sortes d'harmonies.* — L'harmonie en general, ainsi que nous l'avons dit ci-dessus, donne à la poesie un eclat et une douceur qui attirent et qui fixent l'attention du spectateur; mais il est une harmonie particuliere, plus sçavante, plus rare et plus necessaire, qui parle, si j'oze le dire, à l'esprit par les images qu'elle fait des idées; qui avec des sons peint les

objets, et qui adjoute à la force et à la signification des mots. L'ame, frappée et comme avertie par un bruit caracterisant et representatif, en est plus prompte à développer le sens des termes; l'oreille lui auroit presque annoncé la presence de l'objet avant que l'esprit l'eut aperçu.

* Pour qui sont ces serpents qui sifflent sur vos tetes ?

Ce vers ne siffle-t-il pas réellement? Et celuy-cy n'imite-t-il pas le bruit de deux vaisseaux qui se brisent l'un contre l'autre en s'abordant?

** D'un bec d'airain se fendre et s'entre fracasser.

Et l'autre :

Qu'un cœur qu'ont endurci la fatigue et les ans.

Quoy que nôtre poesie semble peu propre à ces sortes de beautez, j'oze dire que les pieces de Racine en sont remplies et que la moitié de ses vers expriment par leurs sons les idées qu'ils contiennent. La force du genie poetique fait produire de pareils vers par sentiment, et la reflexion ny a guere de

* *Andromaque*, tragédie de Racine, scène dernière.
** *La Viselede*, poëme de la guerre.

part. Ce sont pourtant les seuls qui soient entierement poetiques.

C'est assez parler de l'harmonie, passons à l'explication de ce qu'on doit entendre par l'elegance.

4. *Le stile doit etre elegant, c'est à dire exact et facile tout à la fois.* — Un stile exact sans facilité est pesant; un stile facile sans exactitude n'est que facile; un stile tout à la fois exact et facile est elegant. L'exactitude, la facilité, voila donc à quoy il faut s'attacher en écrivant, pour atteindre à l'elegance.

L'exactitude consiste à eviter les inversions inusitées ou des-agreables, les expressions equivoques, les doubles sens, les vieux mots, et les rimes foibles.

La facilité, plus rare que l'exactitude, consiste à presenter les idées par leurs côtés les plus aisés à saizir; à les arranger dans une suite sensible et naturelle; à les exprimer par des termes qui presentent d'abord leur sens; et surtout à ne mettre pas six mots où il n'en faut que trois.

Il est aisé de voir par là que c'est bien mal à propos que l'on confond souvent les vers negligez et les vers faciles : les vers faciles sont les moins negligez et les plus difficiles à faire.

Sublime, vivacité, harmonie, elegance, voilà donc les quatre beautés essentielles au stile de la tragedie en general. Voyons maintenant à quel acte en particulier chacune de ces quatre beautés est plus convenable.

5. *Le stile doit etre un peu diffus dans le premier acte et devenir toujours plus vif en avançant vers le cinquieme.* — Le stile ne doit point etre trop vif dans le premier acte ; il convient meme qu'il y soit un peu plus diffus que dans les autres, parce que le spectateur, ne sçachant encore rien du sujet, et ne connoissant encore ni les caracteres, ni les interets, ni les passions des personages, ne saiziroit que la moitié des idées si on n'y arretoit pas son esprit pendant un certain temps. Voilà pourquoi Racine a souvent employé deux ou trois vers à rendre une pensée qu'il auroit pu rendre dans trois mots. Il l'a meme affecté toutes les fois qu'il a jugé qu'il seroit essentiel dans la suite qu'on eût remarqué cette pensée. L'esprit, qui pendant le temps que dure la déclamation de deux ou trois vers voit toujours devant luy la meme idée, ne manque pas de se la bien inculquer.

Mais dans les autres actes cette precaution est inutile, et surtout à mesure qu'on avance dans l'action ; alors les idées et les mouvemens n'etant ordinairement qu'une suite des evenements precedents, l'ame, qui les devinoit presque, les saizit rapidement et sans effort. Ils existent meme souvent dans quelques spectateurs avant que l'acteur ait parlé ou agi ; l'esprit à demy instruit et le cœur deja en mouvement reçoivent sans peine et en peu de temps des impressions en quelque façon commencées.

Voilà pourquoy dans les derniers actes, où presque toutes les idées du sujet ont esté montrées à l'esprit et où tous les efforts du cœur ont deja esté mis en action, un seul sentiment, une seule idée, un seul mot, secouent et remplissent toute l'âme. Voyons un exemple. — Bajazet demande à Roxane la vie d'Athalide, sa rivale, et s'exprime ainsi :

Amurat avec moy ne l'a point condamnée.
Epargnez une vie assez infortunée,
Ajoutés cette grace à tant d'autres bontés,
Madame, et si jamais je vous fus cher...

ROXANE.
Sortez.

Ce seul mot, à la place où il est, exprime tout à la fois et l'amour, et la jalousie, et la vanité, et le caractere impetueux, et les terribles resolutions de Roxane. Comme la suite de l'action avoit deja fait voir tout cela dans la Sultane, un seul mot a suffi pour le rappeler; mais ce mot, si expressif dans le cinquieme acte, n'auroit presque rien signifié dans le premier.

Quoy que dans les derniers actes toutes les idées et tous les mouvemens reunissent les idées et les mouvemens precedents, il ne faut pas pour cela negliger les autres moyens d'y jetter de la vivacité. Il faut alors un stile de feu qui coure, s'élance et ne s'arrete jamais; c'est par là qu'il exprime les mouvements irreguliers, perpetuels, d'un cœur en proye à la passion.

6. *L'harmonie pittoresque est une beauté dans les premiers actes et une nécessité dans les derniers.* — L'harmonie qui consiste dans les sons nombreux et gracieux à l'oreille est également nécessaire dans tous les actes pour attacher l'auditeur par le plaisir et l'engager à ecouter.

Mais l'harmonie pittoresque, l'harmonie qui agit sur l'imagination est spécialement necessaire dans les derniers actes, où les objets decrits doivent etre rendus comme presants par la force des images. Elle embelit les autres actes, ceux-cy ne sçauroient s'en passer.

7. *Le stile sublime convient plus particulierement au deuxieme et au troisieme acte.* — Le sublime au contraire y doit diminuer à mesure que le pathetique y augmente. Les elancements, le desordre, les sens coupez, les mots qui expriment des mouvements plustost que des pensées : voilà le veritable stile sublime des derniers actes. La necessité et le detail des recits obligent de sacrifier dans le premier acte la magnificence à l'instruction. C'est donc dans le second et ensuite dans le troisieme que l'on peut employer une plus grande quantité d'expressions figurées, de mots pompeux, de tours poetiques, et enfin de tout ce qui compose le stile sublime.

8. *Les fautes d'elegance ne sont supportables qu'aux derniers actes et en certains cas.* — Quant à l'elegance, ce n'est que dans les derniers actes qu'on peut oser en manquer. Il faut même y affecter un stile plus négligé que dans les premiers. Dans l'excez des passions, les heros comme le reste des hommes parlent d'un stile d'autant moins reflechi qu'il est plus impetueux. Alors une construction trop pressée, un terme singulier, une inversion in-usitée, sont quelquefois de grandes beautez. Elles peignent la situation de l'esprit, qui, impatient

de s'exprimer, ne se donne pas le loisir de choisir et d'arranger les mots. Il se sert de ceux qui lui paroissent dabort les plus expressifs.

POMPÉE.

* Adieu donc pour deux jours.

ARISTIE.

Adieu pour tout jamais.

Ce mot, pour tout jamais, n'etoit guere d'usage, mais il exprimoit mieux que le simple mot jamais l'étendue qu'Aristie vouloit donner à sa haine; et Corneille fut un grand homme de s'en servir.

Chapitre II.

DU STILE PROPRE A CHAQUE SIECLE,

A CHAQUE PAÏS ET A CHAQUE ETAT.

Ce qu'on vient de dire sur le plus ou le moins de rapport qu'il y a entre les differents actes et les differentes beautez de stile est plus generalement connû que ce qu'on va

* *Sertorius*, tragédie de Corneille, acte III, scène 2.

dire sur les differents raports qu'il y a entre ces memes beautez de stile et les differents siecles, les differens païs, les differens ages, etc.

1. *De ce qu'il y a dans le stile de commun à tous les siecles, à tous les païs et à tous les etats.* — L'impatience, la vivacité, les elancemens, simptomes de toutes les passions; les idées et les mouvemens qui caracterisent les passions particulieres: voilà ce quil faut peindre dabort par le stile, dans tous les siecles, dans tous les ages, dans tous les païs, dans tous les hommes. Mais il faut ensuite diminuer, multiplier, meler, alterer ces idées generales et ces mouvemens communs selon leurs differents raports avec les differens siecles, les differents païs, etc., et donner à chaque personnage un stile qui caracterise son siecle, son païs, son age, son etat, ses passions particulieres et son caractère.

2. *Des differences qu'il doit y avoir dans le stile des differens siecles.* — Chaque siecle a eu ses mœurs distinctives et un stile proportionné à ses mœurs; mais comme il seroit impossible d'en marquer les differences dans chaque siecle, on se contente de le faire de loin en loin, à mesure que dans le cours de plusieurs siecles elles de-

viennent plus sensibles en s'y multipliant.

3. *Des idées et du stile qui caracterisent les siecles anterieurs au siege de Troye.* — Des idées grandes mais un peu confuses, un caractère sauvage quoy que humain, une valeur sans retenue, une simplicité excessive dans les mœurs : voilà ce qui caracterise le siecle anterieur au siége de Troye. Il est aisé de juger que de pareilles gens parloient d'un stile noble, nerveux, mais point magnifique, point exact, et même point achevé, si j'ose me servir de ce mot. Il semble que le temps et l'usage n'avoient point encore enseigné aux hommes des termes et des tours capables de rendre toutes leurs idées et tous leurs mouvements.

> Peut être le recit d'un amour plus sauvage
> Vous fait en m'écoutant rougir de vôtre ouvrage.
> D'un cœur qui s'offre à vous, quel farouche entretien!
> Quel etrange captif pour un si beau lien!
> Mais l'offrande à vos yeux en doit etre plus chere;
> Songez que je vous parle une langue etrangere,
> Et ne rejettés pas des vœux mal exprimés
> Qu'Hipolite sans vous n'auroit jamais formés.

Un homme sauvage et d'un siècle sauvage auroit il dû s'exprimer aussi parfaitement et aussi joliment, surtout en disant qu'il s'exprime mal ?

Il faut éviter avec encor plus de soin de preter à ces premiers heros trop de finesse et des reflexions trop politiques; on sent combien il seroit ridicule de faire parler Hercule comme Mitridate, et de mettre dans la bouche de Thesée les maximes de Machiavel.

4. *Des idées et du stile qui caracterisent les siecles posterieurs au siege de Troye.* — Il semble que vers les temps du siege de Troye les mœurs avoient perdu une partie de leur ancienne pureté. Les princesses filoient, et cousoient encor les habits de leurs maris et de leurs enfants, mais les rois connoissoient déja l'art de seduire leurs peuples et leurs alliez.

Le temps et l'usage avoient aussi etendu le stile. Les hommes sçavoient exprimer une plus grande partie de leurs idées et de leurs mouvements. Ainsi les raisonnemens qu'on prete sur le theatre aux gens alors peuvent etre assez subtils et assez exactement rendus sans blesser la vraysemblance et la verité historique.

5. *Des idées et du stile qui caracterisent le beau temps de la Grece.* — Mais dez que l'on descend deux ou trois siecles plus bas et que l'on arrive au beau temps de la Grece, il ne doit plus rien y avoir de sauvage, rien

d'imparfait ni dans les choses, ni dans l'expression ; une elevation de sentiments, une force, une superiorité de raisonnement, une passion generale pour la liberté : voilà ce qu'il faut peindre alors avec toute l'énergie et toute la finesse du stile. Il faut bien se garder surtout d'y meler le merveilleux des temps fabuleux. Si Phedre avoit vecû lorsqu'Athenes étoit republique, Racine ne lui auroit pas fait dire :

> Noble et brillant autheur d'une triste famille,
> Toi dont ma mere osoit se vanter d'etre fille,
> Qui peut etre rougis du trouble ou tu me vois,
> Soleil, je te viens voir pour la derniere fois.

Ne seroit-il pas ridicule dans une tragedie qu'Alexandre mourant s'adressat serieusement à Jupiter Ammon comme à son père? Dez que l'histoire commance à marquer une suite dans les generations des roys, les temps fabuleux cessent et le merveilleux n'est plus de saizon pour les gens nés hors de ces temps.

Bien plus, ce qui etoit auparavant excez de courage devient impieté et forfanterie. Ajax, qui vivoit avec les fils de quarante dieux ; Ajax, qui acqueroit plus de gloire qu'eux, qui les voyoit mourir tous les jours, pouvoit raisonnablement ne faire pas grand cas de leurs pères : aussi blesse-t-il Venus, defie-t-il Junon; il ne craint pas même Jupiter, pourvû qu'il le voye: « Rends-nous le jour et puis combats. » Ajax dans son siecle, est le plus ferme de tous les hommes; mais peint dans le siecle de Themistocle ou de Philippe, Ajax auroit été aussi ridicule que le Matamore de Pierre Corneille.

6. *Des idées et du stile qui caracterisent le siecle d'Auguste et le precedent.* — Enfin, il faut donner encor plus de noblesse et de pompe au stile à mesure que l'on descend vers le siecle d'Auguste. Le luxe et la magnificence de Rome, alors maîtresse de l'univers, influaient sur les mœurs et par consequent sur le stile de tous les païs.

7. *Des idées et du stile qui caracterisent les quatre siecles suivants.* — L'affectation, la finesse outrée, les faux brillans, caracterisent les quatre siecles suivants.

8. *Des idées et du stile qui caracterisent le cinquieme siecle et les suivants jusqu'au quatorzieme.* — Mais après le quatrieme siecle, les revoltes, les troubles continuels, les invasions des peuples du Nord, ramenerent en peu de temps, avec l'ignorance; une grossiereté de mœurs bien differente de l'ancienne simplicité, et jetterent de la rudesse et de la confusion dans le stile.

9. *Reflexions sur tous les articles precedents.* — Combien avons nous de poetes modernes qui ayent observé toutes ces differences et qui ayent distribué à leurs personnages un stile qui caracterisat les mœurs des differens siecles ? Le seul Corneille. Racine a bien donné à tous ses heros les mœurs de leurs siecles, mais ils ont tous le stile du siecle de Louis le Grand.

> * Ouy, prince, je languis, je brûle pour Thesée.
> Je l'aime, non point tel que l'ont vû les Enfers,
> Volage adorateur de mille objets divers,
> Qui va du Dieu des morts deshonorer la couche ;
> Mais fidele, mais fier, et meme un peu farouche,
> Charmant, jeune, traînant tous les cœurs apres soi,
> Tel qu'on depeint nos Dieux, ou tel que je vous voi.
> Il avoit votre port, vos yeux, vôtre langage.
> *Cette noble pudeur coloroit son visage.*
> Par vous auroit peri le monstre de la Crète,
> Malgré tous les detours de sa vaste retraite.
> Pour en developer l'embaras incertain,
> Ma sœur du fil fatal eut armé vôtre main.

Quelle douceur! quelle élegance! Mais parloit on ainsi dans un siecle grossier, où les rois et les heros passoient leur vie le long des grands chemins, à détruire les monstres et les brigands?

C'est une erreur de croire qu'on attribueroit moins à l'art qu'à un manque de talent

* *Phèdre*, tragédie de Racine, acte II, scène 5.

une diction qui pour peindre les temps auroit quelque chose de grossier. Lisez tout le rolle du vieil Horace, vous y verrez une simplicité d'expression qui fait autant d'honneur à Corneille que la magnificence et la richesse du stile d'Auguste dans *Cinna*.

> Qu'est ceci, mes enfants? Ecoutés vous vos flames,
> Et perdez vous encor le temps avec des femmes?
> Prets à verser du sang, regardez vous des pleurs?
> Fuyez, et laissez-les deplorer leurs malheurs.
> Leurs plaintes ont pour vous trop d'art et de tendresse.
> Elles vous fairoient part enfin de leurs foiblesses, etc.

L'étude exacte de l'histoire peut seule instruire à fonds non seulement du stile particulier à chaque siècle (dont nous venons de parler) mais encor des differences qu'il y a, pendant le meme siecle, dans le stile de chaque païs, dont nous allons dire quelque chose.

10. *Des differences qu'il doit y avoir dans le stile des differens païs.* — Le mepris des Grecs et des Romains pour le reste des hommes faisoit une des qualitez distinctives de ces deux peuples; tous les autres étoient confondus sous le nom de Barbares.

11. *Du stile et des idées qui caracterisent les Grecs et les Romains.* — Les Romains etoient en cela encor plus excessifs que les

Grecs; ils meprisoient moins les sujets que les rois. Joignez à cette fierté un amour excessif pour la liberté, une passion sincere pour le bien public, un grand respect pour toutes les vertus, et un peu de ferocité, vous aurés peint un veritable Romain. C'est ce que Corneille a fait mille fois avec des traits toujours nouveaux et toujours sublimes. Je ne transcris point de ses vers; il n'y a qu'à lire à l'ouverture du livre.

A ces qualitez des Romains, excepté la ferocité, les Grecs joignoient une délicatesse de genie, une finesse de sentiment et une aménité de mœurs où les autres n'ateignirent jamais.

12. *Des differentes idées et des differents stiles des Asiatiques, des Gaulois, des Carthaginois, des Barbares qui envahirent l'Occident au cinquieme siecle, et de ceux qui envahirent l'Orient vers le septieme.* — La molesse, le luxe effeminé, l'indifference pour le bien public et un penchant marqué pour l'esclavage caracterisent presque tous les anciens peuples de l'Asie.

La perfidie, la cruauté, l'insolence, la hardiesse, la science de la guerre et du gouvernement, etoient les qualitez propres des Carthaginois.

Les Gaulois, les Parthes et touts les

peuples du Nord avoient beaucoup de bonne foi, beaucoup de courage, assez de discipline, peu de prudence et point de connoissances.

La grossiereté, les violences, le mepris des loix, inonderent l'Occident avec les Barbares qui sortirent du Nord vers le cinquieme siecle; et quelque temps après, les Sarrazins, les Mammelucs et les Califes porterent dans tout l'Orient l'ignorance et le despotisme.

Puisque les differens païs ont des differentes mœurs et que les mœurs influent sur le stile, les idées et la façon de les exprimer ne doivent etre les memes dans un Carthaginois, dans un Grec et dans un Persan. Mais, comme je l'ai dit ici dessus, le Carthaginois, le Grec et le Persan pensent et s'expriment à la françoise dans presque tous nos autheurs. Peu de gens regardent cela comme un deffaut; et il faut avouër qu'il n'est pas bien grand et qu'il ne nuit guere à la terreur ni à la pitié, quoiqu'il diminue un peu l'illusion, et qu'il marque une étendue bornée dans le génie et dans les connoissances des autheurs.

13. *Des differences qu'il doit y avoir dans le stile des differens états.* — Il est sans doute plus essentiel de bien diversifier

le stile des differentes conditions, et de ne faire pas parler le guerrier comme le pretre et le roy comme le sujet. Cependant les meilleurs autheurs n'y ont pas quelque fois regardé de si prés; ils ont crû qu'une idée noble, poetique, rendue avec force et liée au sujet etoit bien placée dans la bouche de tous les acteurs, sans examiner si elle convenoit à leur etat.

* Vous donner le trepas, ce seroit vous trahir;
Je vous dois seulement l'exemple de mourir.
Imitez-moi.

14. *Des idées et du stile qui caracterisent les rois et les heros.* — Voilà ce que dit à Antoine son affranchi Eros. N'est-il pas ridicule qu'un homme comme Antoine craigne de se tuer, et qu'un miserable esclave se perce sans hésiter et se propose pour modele à un Triumvir des Romains? Ce que dit cet esclave est beau, noblement pensé, vivement exprimé, mais il ne convient point à son etat.

ALEXANDRE.
** Vôtre fierté, Porrhus, ne se peut abaisser.

* *Cléopâtre*, tragédie de la Chapelle, acte IV, scène 2.
** *Alexandre*, tragédie de Racine, acte V, scène 3.

Jusqu'au dernier soupir vous m'osez menacer.
En effet, ma victoire en doit etre alarmée :
Vôtre nom peut encor plus que toute une armée.
Je m'en dois garantir. Parlez donc. Dites-moi,
Comment pretendez vous que je vous traite ?

PORRHUS.

En roi.

ALEXANDRE.

Hé bien, c'est donc en roi qu'il faut que je vous traite.
Je ne laisserai point ma victoire imparfaite.
Vous l'avez souhaité, vous ne vous plaindrés pas.
Regnez toujours, Porrhus, je vous rends vos Etats.

15. *Des idées et du stile qui caracterisent les pontifes.* — Voilà des idées et des expressions de souverain. En voici qui caracterisent encor mieux l'État de celui qui parle.

* Joas les touchera par sa noble pudeur,
Où semble de son sang reluire la splendeur.
Et Dieu par sa voix meme apuyant nôtre exemple,

Une sainte familiarité avec Dieu, un amour de preference, une resignation entiere, une assurance male, une noblesse et une force dans l'expression qui repondent au sublime des idées, voilà ce qu'on trouve dans les discours de ce pontife.

* *Athalie,* tragédie de Racine, acte I, scène 2.

16. *Des idées et du stile qui caracterisent les guerriers.* — Ecoutez parler un illustre guerrier. Il craint Dieu, il a de la probité, il est pitoyable; mais il veut mourir les armes à la main. Voyez *Athalie,* acte V, scène 2.

17. *Des idées et du stile qui caracterisent un bon sujet.* — Appercevez dans les reproches hardis que Burrhus fait à Neron le respect et les egards d'un sujet, mais apercevez y encor plus l'attachement et la sincerité d'un serviteur fidelle.

* Non, quoi que vous disiez, cet horrible dessein
Ne fut jamais, seigneur, conçû dans vôtre sein, etc.

18. *Des idées et du stile qui caracterisent l'homme d'Estat.* — Voici un stile de ministre; on y voit beaucoup de zele, beaucoup d'amour pour la gloire du souverain; mais on y voit aussi plus de prudence que de probité.

** Pompée a besoin d'aide, il vient chercher la vôtre,
Vous pouvez, comme maitre absolu de son sort,
Le servir, le chasser, le livrer vif ou mort.
Des quatre le premier vous seroit trop funeste. Etc.

Si les differens etats varient si fort le stile,

---

* *Britannicus,* tragédie de Racine, acte IV, scène 3.
** *Pompée,* tragédie de Corneille, acte I, scène 1.

que sera ce des differents caracteres, des differents ages et des differentes situations? Nous allons en parler dans le chapitre suivant.

Chapitre III.

DU STILE PROPRE A CHAQUE CARACTERE

A CHAQUE AGE ET A CHAQUE SITUATION.

Des differences que la varieté des caracteres apporte dans le stile des personnages de meme etat, de meme temperament, et qui se trouvent dans la meme situation. — Avant que de parler du stile propre à chaque caractere, faisons voir par un exemple que les memes passions, les memes situations, le meme temperament, le meme état, s'expriment differament dans deux hommes qui ne different que par leur caractere. Mitridate et Pharnace sont tous les deux amoureux de Monime, tous les deux en sont haïs :

voilà la meme passion et la meme situation. Leur temperament est egalement fier et impetueux : jusques là ils devroient donc avoir à peu près le meme stile ; mais la difference de leur caractere leur fait exprimer les memes mouvemens par des idées tout à fait differentes. Le superbe Pharnace croit ne pouvoir rien offrir à Monime de plus seduisant que le trone de Mitridate, qu'il brule d'occuper ; mais le grand Mitridate pense qu'elle fera plus de cas de la gloire de sa chute que des païs immenses qui lui restent encore. Ecoutons les l'un apres l'autre. Voici Pharnace.

* Le Pont vous reconnoit dez longtemps pour sa reine,
Vous en portez encor la marque souveraine ;
Et ce bandeau royal fut mis sur vôtre front
Comme un gage assuré de l'empire du Pont.
Maître de cet Etat que mon pere me laisse,
Madame, c'est à moi d'accomplir sa promesse.
Mais il faut, croyez-moi, sans attendre plus tard,
Ainsi que nôtre himen presser nôtre depart.
Nos interets communs et mon cœur le demandent.
Prets à vous recevoir, mes vaisseaux vous attendent,
Et du pié de l'autel vous y pouvez monter,
Souveraine des mers qui vous doivent porter.

Voici maintenant Mitridate :

** Mes malheurs, en un mot, me font-ils mepriser ?

* *Mitridate*, tragédie de Racine, acte Ier, scène 3.
** *Mitridate*, tragédie de Racine, acte II, scène 4.

Ha! pour tenter encor de nouvelles conquetes,
Quand je ne verrois pas de routes toutes pretes,
Quand le sort ennemi m'auroit jetté plus bas,
Vaincû, persecuté, sans secours, sans Etats,
Errant de mers en mers, et moins roi que pirate,
Conservant pour tout bien le nom de Mitridate,
Apprenez que, suivi d'un nom si glorieux,
Par tout de l'univers j'attacherois les yeux,
Et qu'il n'est point de rois, s'ils sont dignes de l'etre,
Qui sur le trône assis n'enviassent peut etre
Au-dessus de leur gloire un naufrage elevé,
Que Rome et quarante ans ont à peine achevé.
Vous meme d'un autre œil me verriés vous, madame,
Si ces Grecs vos ayeux revivoient dans vôtre âme?

2. *Des idées et du stile qui expriment un caractere porté au grand.* — La difference de leur situation contribue aussi en partie à la difference de leur langage; j'en conviens, mais la fermeté dans les revers, l'amour de la gloire plus que celuy de la puissance, la confiance, la sincerité, la haute idée de soi meme : voilà ce qu'on peut remarquer dans ces vers de Mitridate. — Ils presentent le portrait d'un homme porté au grand encor plus par son caractere que par son état.

3. *Des idées et du stile qui expriment un caractere bas et hautain.* Pharnace, au contraire, n'est grand que par état : il croit qu'offrir un trone c'est offrir plus que des vertus; c'est l'effet de son caractere bas et hautain.

4. *Des idées et du stile qui peignent un caractere mixte*. — Acomat, dans *Bajazet*, presente le modele d'un caractere mixte, où l'intrepidité et la prudence, la soumission et la revolte, le devoir et l'ambition, se melent et se balancent d'une façon singuliere. Vieilli dans les emplois et dans les brigues, occupé toute sa vie de guerre et d'affaires d'État, naturellement serieux et meme un peu feroce, ce visir regarde l'amour comme une occupation d'enfant; ses idées et son stile repondent parfaitement à tout cela.

* Voudrois tu qu'à mon age
Je fisse de l'amour le vil apprentissage? Etc.

Caracteres portés au grand, caracteres hautains sans veritable grandeur, caracteres mixtes. Nous venons d'en parler, ajoutons y les caracteres politiques, les caracteres genereux, les caracteres pieux.

5. *Des idées et du stile qui peignent un caractere politique*. — Un homme né avec un caractere politique est ordinairement ambitieux, sanguinaire, vindicatif, toujours hipocrite et jamais vertueux.

* *Bajazet*, acte I, scène 1.

MATHAN.

* Ce songe et ce raport, tout me semble effroyable, Etc.

6. *Des idées et du stile qui peignent un caractere genereux.* — Ce qu'Abner repond à Mathan dans cette scene est bien dans le stile des personnes genereuses. Le mepris des flateurs, une haine marquée pour les gens sanguinaires, des expressions hardies, une noble sincerité, et sur tout une amitié tendre et empressée pour les malheureux : voilà ce qui caracterise le discours de ce vertueux guerrier.

7. *Des idées et du stile qui peignent un caractère tendre.* — Les personnes d'un caractere tendre sont celles qui souffrent en voyant souffrir. Mais comme cette pitié generale est ordinairement l'effet d'une foiblesse de temperament, il est rare qu'elle donne la fermeté de s'exposer pour les malheureux. Ce caractére trop marqué ne seroit point theatral, et avilliroit un heros. Il est presque toujours accompagné de beaucoup de crainte, et il fait proprement le partage des femmes retirées. Il faut leur donner beaucoup de vertus domestiques, et les faire parler d'un stile facile, naturel,

* *Athalie*, tragédie de Racine, acte II, scène 5.

plein de douceur qui peigne la bonté de leur cœur et la foiblesse de leur temperament.

> * Doutez vous qu'Athalie au premier bruit semé
> Qu'un fils d'Okosias est ici renfermé,
> De ses fiers étrangers assemblant les cohortes,
> N'environne le temple et n'en brise les portes?
> Suffira-t'il contr'eux de vos ministres saints,
> Qui, levant au Seigneur leurs innocentes mains,
> Ne sçavent que gemir et prier pour nos crimes,
> Et n'ont jamais versé que le sang des victimes?
> Peut etre dans leurs bras Joas, percé de coups...

8. *Des idées et du stile qui expriment le caractere de la veritable pieté.* — Voicy dans la reponse de Joad le modele du stile propre à un autre caractere :

JOAD.

> Et comptés vous pour rien Dieu qui combat pour nous,
> Dieu qui de l'orphelin protege l'innocence
> Et fait dans la foiblesse eclater sa puissance;
> Dieu qui hait les tirans, et qui dans Jezraël
> Jura d'exterminer Achab et Jezabel;
> Dieu qui, frappant Joram, le mari de leur fille,
> A jusques sur son fils poursuivi leur famille;
> Dieu, dont le bras vengeur pour un temps suspendu,
> Sur cette race impie est toujours etendu?

Voila le stile de la veritable pieté: Dieu. Voilà sa fin, son esperance, ses ressources.

* *Athalie*, tragédie de Racine, acte I, scène 2.

De pareilles idées doivent être exprimées d'un stile mâle, elevé, et qui respire la sainteté et la grandeur. L'intrepidité et la paix interieure sont inseparables de ces heureux caracteres.

9. *Des idées et du stile qui expriment les mouvemens interieurs d'un scelerat.* — Au contraire, le trouble interieur, une certaine terreur secrete, empoisonnent tous les plaisirs des scelerats. Il faut repandre dans leurs discours des elancemens, des impatiances qui peignent l'etat affreux de leur cœur; ils doivent paroitre se detester et s'effrayer eux memes.

> Deserteurs de leur loi, j'approuvai l'entreprise,
> Et par là de Baal meritai la pretrise.
> Par la je me rendis terrible à mon rival,
> Je ceignis la tiare et marchai son égal.
> Toute fois, je l'avoûe, en ce comble de gloire
> Du Dieu que j'ai quitté l'importune memoire
> Jette encore en mon ame un reste de terreur,
> Et c'est ce qui redouble et nourrit ma fureur.
> Heureux si, sur son temple achevant ma vengeance,
> Je puis convaincre enfin sa haine d'impuissance,
> Et parmi le debris, le ravage et les morts,
> A force d'attentats perdre tous mes remords.

Je borne là mes remarques sur les idées qui conviennent aux differens caracteres et sur la façon d'exprimer ces idées. Comme il y a presque autant de caracteres particuliers qu'il y a d'hommes differens, ce n'est qu'en etudiant la nature et l'histoire que l'on peut connoitre le stile propre à chaque caractere particulier.

10. *Des idées et du stile qui caracterisent les différents ages.* — C'est aussi dans l'etude de la nature et de l'histoire que l'on apprend à distinguer le stile de chaque age.

11. *Des idées et du stile qui caracterisent la jeunesse.* — Celui des jeunes gens doit etre vif, brillant, plein d'idées et de mouvements ; mais les raisonnements y doivent etre rares et fondus dans l'expression de quelque passion : ils ne doivent en quelque façon deliberer qu'en agissant.

* Ainsi pour vous venger tant de rois assemblez. Etc.

12. *Des idées et du stile qui caracterisent l'age viril.* — La science des cœurs, la prudence, la moderation, la force du raisonnement, caracterisent l'age viril. Le stile en est moins impetueux que celui de la jeunesse, mais il est infiniment plus soutenu et plus nourri.

* *Iphigénie*, acte I, scène 3.

ULISSE.

* Je suis pere, seigneur, et foible comme un autre.

Pour manier ainsi les raisons qui pouvoient vaincre la nature dans Agamennon, il faloit avoir une connoissance du cœur humain que l'on n'acquiert point dans la première jeunesse.

13. *Des idées et du stile qui caracterisent la viellesse.* — Les viellards doivent parler d'un stile un peu diffus ; ils doivent s'arreter quelque temps sur les memes idées, dont ils n'ont plus la force de saisir et de faire saisir à la fois tous les rapports. Il faut qu'ils soyent lents à se determiner, qu'ils paroissent fatiguez, melancoliques, ennuyez de tout, meme de leurs fortunes; qu'ils soyent plus affectez du passé que du present, et qu'ils racontent toujours un peu.

A ces petits deffauts marquez dans leur peinture,
L'esprit avec plaisir reconnoit la nature,

a dit Boyleau.

** Cet Empire absolu sur la terre et sur l'onde,
Ce pouvoir souverain que j'ay sur tout le monde, etc.

* *Iphigénie*, tragédie de Racine, acte I, scène 5.
** *Cinna*, tragédie de Corneille, acte II, scène 1.

Malgré sa noblesse et la magnificence de ces vers, on y apercoit une repetition d'idées, une lenteur d'expression, qui peignent l'affoiblissement d'une imagination dont le feu s'est eteint avec l'age. Outre cela, ce point tant debattu avec Agrippe et Mecenas remis derechef en deliberation; ce degout pour l'empire et pour toutes les choses qu'il avoit tant aimé; ce plaisir qu'il marque à raconter son histoire et celles de Jules et de Cilla; cette indolence, cette indiference, ces reflexions multipliées, ces sentences, tout cela ne caracterise-t-il pas bien sensiblement l'age avancé d'Auguste? Corneille l'auroit sans doute fait parler tout autrement s'il l'avoit peint ayant vingt ans de moins. Des ages passons aux situations.

14. *Des differences qu'apportent les differentes situations dans les idées et dans le stile d'un meme homme.* — Les differentes situations varient le stile autant que peuvent le faire les differents ages. On vient annoncer à Agamennon et à Ulisse l'arrivée d'Hiphigenie qu'on doit sacrifier pour obtenir les vents favorables. Ils sont tous les deux devoués au bien public, mais la situation d'Agamennon, qui est pere, l'emporte sur sa vertu ordinaire et luy fait tenir des discours que le tranquile Ulisse condamne.

Agamennon luy repond à propos quand il luy dit :

>Ah ! seigneur, qu'eloigné du malheur qui m'opprime,
>Vôtre cœur aisement se montre magnanime !
>Mais que si vous voyëz ceint du bandeau mortel
>Vôtre fils Telemaque approcher de l'autel,
>Nous vous verrions troublé de cette affreuse image,
>Changer bientot en pleurs ce superbe langage,
>Essuyër la douleur que j'eprouve aujourd'huy,
>Et courir vous jeter entre Calchas et luy.

Il y a des situations si vives et si excessives, qu'elles se saisissent de toute l'ame ; violemment affectée, elle ne sent plus que leurs secousses : alors il n'est plus question de difference d'age, d'etat, de caractere, etc. ; il ny a plus qu'une meme expression, il n'y a plus qu'un stile pour tous les hommes, c'est celuy qui peint la situation presente.

Mais comme le pathetique des situations est toujours l'effet de quelque passion, c'est dans l'examen du stile propre à chaque passion que nous tacherons de decouvrir quel est le stile qui convient aux differentes situations.

Fin.

TABLE
DES CHAPITRES ET DES ARTICLES

SECTION PREMIÈRE.

DES CARACTERES.

PREMIER MOYEN NECESSAIRE POUR EXCITER LA TERREUR ET LA PITIÉ.

                                        Pages.

Division de la section. 1

CHAPITRE PREMIER.

De l'Admiration.

1. Comment s'excite l'admiration. . . . 2
2. Les vrayes et les fausses vertus pro-

30

duisent egalement l'admiration. 3
3. Toutes les vertus n'excitent pas l'admiration. 3
4. L'insensibilité differe de l'intrepidité et n'excite que l'indignation. 4
5. Le devoir ne doit triompher des passions que par de grands efforts, qui doivent durer meme apres la victoire. Par là, l'admiration et la pitié sont portées à leur comble. 4
6. L'admiration peut etre d'une espece à n'exciter ny terreur ny pitié 5
7. Recapitulation du chapitre. 6

Chapitre Second.

De l'Image des Mœurs.

1. Cause de l'effet de l'image des mœurs sur l'esprit et le cœur des spectateurs. . . . 7
2. Cause de cet effet differente de la premiere. 7
3. C'est d'abord la nature en general qu'il faut peindre. 8
4. Il ne suffit pas que les mœurs soyent vrayes, il faut aussy qu'elles soyent vraysemblables. 8
5. Elles doivent etre peintes selon leurs rapports avec les caracteres et les situations. 9
6. Elles doivent etre toujours les memes dans le meme homme. 10
7. Elles doivent caracteriser les siecles,

les pays, les ages, les Etats, etc. 11
8. Recapitulation de la section sur les caracteres. 11

SECTION SECONDE.

DES PASSIONS.

SECOND MOYEN NECESSAIRE POUR EXCITER LA TERREUR ET LA PITIÉ.

Chapitre Premier.

Des Passions en general.

1. Moyen le plus sur d'exciter la terreur et la pitié par les passions. 14
2. Autre moyen qui reussit moins bien. 15
3. Division de la section 16

Chapitre Second.

De l'Amour de la vraye Gloire

1. Cette passion est la source du sublime, et celle qui donne le plus de force et de noblesse à la tragedie. 16
2. En la peignant on reussit avec autant de facilité que de certitude. 17

3. Elle prepare d'abord à la terreur en interessant par l'admiration, et elle excite ensuite cette terreur par l'etonnement... 17
4. Definition de la vraye gloire..... 18

Chapitre Troisieme.

De l'Amour de la vaine Gloire.

1. Definition de la vaine gloire..... 18
2. Cette passion est une des sources du plaisir des spectateurs............ 19
3. Elle s'excite reellement en eux dans l'illusion de la representation....... 19
4. Parmi les faux illustres, les conquerants sont ceux qui interessent le plus, et cela parce qu'ils brillent le plus...... 20
5. Apres les conquerants viennent les politiques.................. 21
6. Les autres moyens de courir apres la fausse gloire sont au-dessous des premiers acteurs................ 21

Chapitre Quatrieme.

De la Tendresse du sang et de l'Amitié.

1. La tendresse du sang s'excite facilement par quatre raisons.......... 22
2. Recapitulation de ces quatre raisons. 24
3. L'amitié est moins propre au theatre que la tendresse du sang; cependant elle y reussiroit assez facilement......... 24

4. Elle est moins commune dans les vieillards que dans les jeunes gens. 25

Chapitre Cinquieme.

De la Haine.

1. Cette passion n'est supportable que quand elle a une juste cause et qu'elle est jointe à quelque grande qualité. 26
2. Elle est quelquefois devoir plustost que passion. 27
3. Quand elle est poussée à l'excés et qu'elle est heureuse, elle excite l'horreur et non pas la terreur. 27
4. Façon de la traiter. 28

Chapitre Sixieme.

De l'Amour.

1. L'amour emeut tous les hommes, mais il ne les emeut que faiblement par luy meme. 29
2. C'est une passion veritablement theatrale que l'amour accompagné de la jalousie. 30
3. Il ne faut pas le peindre par des pensées recherchées, mais par des mouvements. 31
Recapitulation de toute la section. . . . 34

SECTION TROISIEME.

DU PATHETIQUE.

TROISIEME ET PRINCIPAL MOYEN D'EXCITER LA TERREUR ET LA PITIÉ.

CHAPITRE PREMIER.

Du Pathetique en general.

1. Les caracteres et les passions preparent à la terreur et à la pitié plustost qu'ils ne les excitent. 36
2. Ce qui excite veritablement la terreur et la pitié, c'est le pathetique. 36
3. Exemple pour montrer la difference qu'il y a entre le pathetique et les passions. 37
4. Deffinition du pathetique. 39
5. Le pathetique des pensées et celuy des situations ne sont qu'une meme chose, quoy qu'on les distingue icy dessous. . . . 40

CHAPITRE SECOND.

Du Pathetique des Pensées et de celuy des Situations.

1. Division des choses necessaires au pathetique des pensées. 41

2. Les pensées, pour etre pathetiques, doivent etre tristes. 41
3. La joye est une passion etrangere à la tragedie. 41
4. Les pensées, pour etre pathetiques, doivent etre fertiles en d'autres pensées. . 42
5. Les pensées, pour etre pathetiques, doivent etre liées au sujet. 44
6. Les pensées, pour etre pathetiques, doivent etre simples. 44
7. Les pensées, pour etre pathetiques, ne doivent pas etre trop reflechies. 44
8. Les pensées, pour etre pathetiques, ne doivent point etre noyées dans des inutilités. 46
9. Les pensées, pour etre pathetiques, ne doivent point etre jointes à des beautés affectées. 46
10. Du pathetique des situations. . . . 47
11. Pour qu'une situation soit veritablement pathetique, elle doit etre terrible. . 47
12. Pour qu'une situation soit veritablement pathetique, elle doit etre inattendue. 47
13. Pour qu'une situation soit veritablement pathetique, elle doit etre vray semblable. 48
14. Pour qu'une situation soit veritablement pathetique, elle doit servir à l'action principale. 48
15. Les situations episodiques ne sont jamais veritablement pathetiques. 49
16. Recapitulation du chapitre. 51

Chapitre Troisieme.

Du Jeu et de l'Opposition des differentes Passions dans le meme homme, pour en tirer le Pathetique.

1. Du jeu et du contraste de l'amour de la vraye gloire avec les autres passions, dans le meme homme, pour en tirer le pathetique. 53
2. Du jeu et du contraste de la haine avec les autres passions, dans le meme homme, pour en tirer le pathetique. . . . 55
3. Recapitulation de l'article precedent. 56
4. Du jeu et du contraste de l'amour avec les autres passions, dans le meme homme, pour en tirer le pathetique. 57

Chapitre Quatrieme.

Continuation du Chapitre precedent : Du Jeu et de l'Opposition des differentes Passions, etc.

1. Du jeu et du contraste de la tendresse du sang avec les autres passions, dans le meme homme, pour en tirer le pathetique. 59
2. Du jeu et du contraste de l'amitié avec les autres passions, dans le meme homme, pour en tirer le pathetique. . . . 60
3. Du jeu et du contraste de l'amour de la vaine gloire avec les autres passions, dans le meme homme, pour en tirer le pathetique. 61

Chapitre Cinquieme.

Des différentes Façons de faire jouer et contraster ensemble les Passions des différents Personnages.

1. Les memes passions sont tres-differentes dans chaque homme en particulier. 66
2. Division du chapitre. 67
3. Quelles passions il faut employer pour faire aimer ceux qu'il importe de faire plaindre. 67
4. De quelle façon il faut employer les passions pour rendre excusables ceux qu'on veut faire plaindre. 68
5. Comment est-ce qu'il faut peindre les passions des scelerats qu'on veut faire hair. 68
6. Raisons de donner, autant qu'on peut, aux differents personnages des passions différentes. 69
7. Il faut donner aux differents personnages non seulement des passions differentes, mais encore des passions opposées. Raisons de cela. 70
8. Il faut varier davantage les caracteres à mesure qu'on est obligé de mettre plus d'uniformité dans les passions. 72
Recapitulation de la section sur le pathetique. 74

1. L'ordre ne produit point le pathetique, mais il le fait apercevoir et sentir. 77
2. Division de la section. 79

SECTION QUATRIEME.

DE L'ORDRE.

QUATRIEME MOYEN D'EXCITER LA TERREUR ET LA PITIÉ.

CHAPITRE PREMIER.

De l'Exposition.

1. Division du chapitre. 79
2. Qu'est-ce qu'on doit entendre par une exposition entiere. 79
3. L'exposition doit instruire du sujet et de ses principales circonstances. 80
4. L'exposition doit indiquer le lieu de la scene et l'heure où commence l'action. 80
5. L'exposition doit instruire le spectateur du nom, de l'estat, du caractere et des interets de tous les principaux personnages. 81
6. L'exposition doit etre courte. 83
7. L'exposition doit surtout etre claire. 84
8. L'exposition doit etre interessante :

elle le devient quand elle est faite par des personnages importans. 85

9. L'exposition devient interessante quand les recits sont animez par les mouvements. 85

10. L'exposition devient interessante quand on y prodigue les images. 86

11. L'exposition doit etre vraysemblable dans son commencement et dans sa suite. 88

12. Recapitulation du chapitre. 89

Chapitre Second.

Du Nœud.

1. Deffinition du nœud. 89

2. Les evenements particuliers qui composent le nœud doivent etre des suites vray semblables des passions et des caracteres. 91

3. Il ne faut mettre en recit, dans le nœud, que ce qu'on n'y peut pas mettre en action.. 93

4. Le pathetique doit augmenter de plus en plus dans le nœud à mesure qu'on approche du denoüement. 94

5. Recapitulation du chapitre. 94

Chapitre Troisieme.

Du Denoüement et de la Catastrophe.

1. Deffinition du denoüement. 95
2. Difference entre le denoüement et la

catastrophe. 95

3. Le denoûement ne doit jamais se faire avant la fin du quatrieme acte. 96

4. Les fausses catastrophes continuent le denoûement ; de quelle façon il faut les employer. 97

5. Le denoûement et les fausses catastrophes ne doivent point arriver par un simple changement de volonté. 98

6. La machine et les miracles n'ont pas plus de vray semblance que les simples changements de volonté, et ne doivent point faire le denoûement ni les fausses catastrophes 98

7. Tout ce qui arrive depuis le dénoûement jusqu'à la catastrophe doit avoir été preparé et comme indiqué dans le nœud. . 99

8. La catastrophe doit finir absolument la piece. 100

9. Raisons de ne plus mettre de recits apres celuy de la catastrophe. 100

10. Qu'il y a des pieces où la catastrophe se confond presque avec le denoûement. . 101

11. Les catastrophes confondues avec le denoûement sont les plus vives. 101

Chapitre Quatrieme.

Des trois Unitéz de Lieu, de Temps et d'Action.

1. Unité de lieu. 103
2. Unité de temps. 104

3. L'unité d'action est la plus essentielle de toutes.................. 104
4. L'episode, ou la double action, est la pire des inutilités.................. 105
5. Par quelle raison Racine a mis des episodes dans presque toutes ses tragedies. 106
6. Deux actions liées ensemble sont plus supportables que deux actions qui se succedent............................. 106
7. Trop d'evenements retrecissent l'action principale.................... 107

CHAPITRE CINQUIEME.

De la place des differentes Pensées, des differentes Scenes et des differentes Situations.

1. Le rapport harmonique des choses est ce qu'on appelle le je ne sçay quoy... 108
2. Quelle difference il y a entre ces rapports cachez, cet ordre du cœur, et l'ordre ordinaire, ou la suite vraysemblable des choses........................ 109
3. Division du chapitre ou des differentes sortes de pensées................ 110
4. Quelle doit etre la place de certaines pensées....................... 111
5. Division des pensées en sentences ou moralités generales, en refflexions reduites à l'ipothese et en simples idées....... 111
6. Des divers endroits où l'on peut mettre des sentences................. 111

7. Des divers endroits où les sentences refroidiroient l'action 113

8. Division des refflexions particulieres en refflexions raisonnées et en refflexions pathetiques. 114

9. Ce que l'on entend par refflexions raisonnées, et dans quels endroits il faut les placer. 114

10. Ce que l'on entend par refflexions pathetiques, et dans quels endroits il faut les placer. 115

11. Division des simples idées en idées qui peignent les personnes, qui peignent les passions, qui peignent à la fois les personnes et les passions, qui ne peignent ni les personnes ni les passions. 119

12. De la place des idées qui peignent les personnes 119

13. Ce qu'il faut eviter en employant les idées qui peignent les personnes. 120

14. De la place des idées qui peignent les passions. 121

15. De la place des idées qui peignent à la fois et les passions et les personnes. . . 122

16. Des idées qui ne caracterisent ni les passions ni les personnes 124

Chapitre Sixième.

Continuation du Chapitre precedent : De la place des differentes Scenes.

1. Quelle fin on se propose dans ce chapitre. 127
2. Division du chapitre et des differentes sortes de scenes: en scenes de narration, de liaison, d'action et de deliberation. 128
3. Division des scenes de narration. . . 128
4. Des scenes de narration qui racontent les evenements de l'action, les evenements presents. 128
5. Des scenes de narration qui racontent les evenemens anterieurs à la tragedie. . . 130
6. Des divers endroits où il faut placer les scenes de narration qui racontent des choses anterieures à la tragedie. 131
7. Quelle espece de narration convient à la scene d'exposition. 132
8. Quel genre de narration on doit employer dans les scenes qui finissent le premier acte ou qui commencent le second. . 134
9. Quelle espece de narration il faut employer dans les scenes qui finissent le troisieme acte ou qui commencent le quatrieme. 136
10. Qu'est-ce qu'on entend par scenes de liaison, et dans quels differents endroits doit-on les placer. 139
11. Qu'il y a des scenes de narration

qu'on peut regarder plustost comme des scenes de liaison, et meme d'action. . . . 142

12. Que les scenes d'action ne sçauroient etre trop nombreuses. 143

13. Analise de l'*Athalie*, par laquelle on voit que Racine a mis en action dans cette tragedie tout ce qui pouvoit y etre mis. 144

14. Des scenes de deliberation. 147

15. Des scenes de deliberation politique, de la place et du stile qui leur conviennent. 147

16. Des scenes de deliberation pathetique. Du stile et de la place qui leur conviennent. 149

17. Recapitulation du chapitre. 150

Chapitre Septieme.

Continuation des Chapitres precedents: De la place des differentes Situations.

1. Division du chapitre; division des situations en situations essentielles et en situations accidentelles. 150

2. Des situations essentielles, de leur nombre. 151

3. Des situations accidentelles, de leurs differentes especes, de leur nombre. 151

4. Division des situations momentanées. 151

5. Des reconnoissances. 152

6. De la place des reconnoissances et de leurs principalles especes 153

7. Des choses qu'il faut observer dans les reconnoissances.................. 154
8. Des reconnoissances de soy-meme... 158
9. De ce qu'il faut observer dans les reconnoissances de soy meme, et de la place qui leur convient............... 158
10. De la place ordinaire des entreveues de deux amis et des choses qu'il y faut observer....................... 159
11. Des entrevues de deux ennemis; de leurs differentes especes; de leur place convenable; des choses qu'il y faut eviter... 162
12. Des entrevues des personnes qui craignent de se voir; de leurs differentes especes; de la place qui leur convient... 166
13. Des propositions extraordinaires et de leurs differentes especes......... 170
14. De la place des propositions opposées au devoir et des choses qu'il y faut observer...................... 170
15. Des propositions opposées aux passions; des choses qu'il y faut observer... 172
16. Des propositions dont l'execution paroit presque impossible; de la place où il faut les employer................. 174
17. De la decouverte de certains evenemens........................ 175
18. De la place des surprises et de la façon de les traiter................ 176
19. De la place des querelles et de la façon de les traiter................ 177
20. Des brouilleries des amans..... 180

21. Des declarations d'amour et des situations heureuses des amans. 183
Recapitulation de la section sur l'ordre. 184

SECTION CINQUIEME.

DU STILE.

CINQUIEME ET DERNIER MOYEN D'EXCITER LA TERREUR ET LA PITIÉ.

1. L'harmonie et l'expression sont les deux principales beautés du stile. 193
2. Division de la section. 196

Chapitre Premier.

Du Stile propre à la Tragedie en general et à chaque Acte en particulier.

1. Le stile de la tragedie doit etre sublime. . . . . , ... 197
2. Le stile de la tragedie doit etre vif. . 198
3. Le stile de la tragedie doit etre harmonieux. Il y a deux sortes d'harmonies. 201
4. Le stile doit etre elegant, c'est-à-dire exact et facile tout à la fois. 203
5. Le stile doit etre un peu diffus dans

le premier acte et devenir toujours plus vif
en avançant vers le cinquieme. 204

6. L'harmonie pittoresque est une beauté
dans les premiers actes et une nécessité
dans les derniers. 206

7. Le stile sublime convient plus particulierement au deuxieme et au troisieme
acte. 207

8. Les fautes d'elegance ne sont supportables qu'aux derniers actes et en certains
cas. 207

Chapitre Second.

Du Stile propre à chaque Siecle, à chaque Païs, et à chaque Etat.

1. Ce qu'il y a de commun dans le stile
de tous les siecles, de tous les païs, de
tous les etats, etc. 209

2. Des differences qu'il doit y avoir dans
le stile des differens siecles. 209

3. Des idées et du stile qui doivent caracteriser les siecles anterieurs au siege de
Troye. 210

4. Des idées et du stile qui caracterisent les siecles posterieurs au siege de
Troye. 211

5. Des idées et du stile qui caracterisent
le beau temps de la Grece. 211

6. Des idees et du stile qui caracterisent
le siecle d'Auguste et le precedent. 213

7. Des idées et du stile qui caracterisent les quatre siecles suivants. 213

8. Des idées et du stile qui caracterisent le cinquieme siecle et les suivants jusqu'au quatorsieme. 213

9. Reflexions sur tous les articles precedents. 214

10. Des differences qu'il doit y avoir dans le stile des differens païs. 215

11. Du stile et des idées qui caracterisent les Grecs et les Romains. 215

12. Des differentes idées et des differents stiles des Asiatiques, des Gaulois, des Carthaginois, des Barbares qui envahirent l'Occident au cinquieme siecle, et de ceux qui envahirent l'Orient vers le septieme. 216

13. Des differences qu'il doit y avoir dans le stile des differens etats 218

14. Des idées et du stile qui caracterisent les rois et les heros. 218

15. Des idées et du stile qui caracterisent les pontifes 219

16. Des idées et du stile qui caracterisent les guerriers. . . . , ... 220

17. Des idées et du stile qui caracterisent un bon sujet. 220

18. Des idées et du stile qui caracterisent l'homme d'Estat. 220

Chapitre Troisieme.

Du Stile propre à chaque Caractere, à chaque Age et à chaque Situation.

1. Des differences que la varieté des caracteres apporte dans le stile des personnages de meme etat, de meme temperament, et qui se trouvent dans la meme situation. 221
2. Des idées et du stile qui expriment un caractere porté au grand. 223
3. Des idées et du stile qui expriment un caractere bas et hautain. 223
4. Des idées et du stile qui peignent un caractere mixte. 224
5. Des idées et du stile qui peignent un caractere politique. 224
6. Des idées et du stile qui peignent un caractere genereux. 225
7. Des idées et du stile qui peignent un caractere tendre. 225
8. Des idées et du stile qui expriment le caractere de la veritable pieté. 226
9. Des idées et du stile qui expriment les mouvements interieurs d'un scelerat. 227
10. Des idées et du stile qui caracterisent les differents ages. 228
11. Des idées et du stile qui caracterisent la jeunesse. 228
12. Des idées et du stile qui caracterisent l'age viril. 228

13. Des idées et du stile qui caracterisent la viellesse. 229
14. Des differences qu'apportent les differentes situations dans les idées et dans le stile d'un meme homme. 230

ACADÉMIE DES BIBLIOPHILES.

Société libre

POUR LA PUBLICATION A PETIT NOMBRE DE LIVRES RARES OU CURIEUX.

Membres du Conseil pendant l'année 1869-1870.

MM. Paul CHÉRON. — H. COCHERIS. — Jules COUSIN. — E. F. DELORE. — Emile GALICHON. — Jules GUIFFREY. — Pierre JANNET. — Louis LACOUR. — Anatole de MONTAIGLON. — Oscar DE WATTEVILLE.

COLLECTION DE LA COMPAGNIE.

1. *De la Bibliomanie*, par Bollioud-Mermet, de l'Académie de Lyon. In-16 pot double de 84 pages, 160 exemplaires. 2ᵉ édition de la réimpression . . . . 5 »
2. *Lettres à César*, par Salluste, traduction nouvelle par M. Victor Develay. In-32 carré de 68 p., 300 ex. . . 2 »
3. *La Seiziesme Joye de Mariage*, publiée pour la première fois. In-16 pot double de 32 p., 500 exempl. . . . . 2 »
4. *Le Testament politique du duc Charles de Lorraine*, publié avec une étude bibliographique par M. Anatole de Montaiglon. In-18 jésus de 78 p., 210 exemplaires 3 50
5. *Baisers de Jean Second*, traduction nouvelle, par M. Victor Develay. In-32 carré de 64 p., 500 exempl . . . . . . 2 »
6. *La Semonce des Coquus de Paris en may 1535*, publiée, d'après un manuscrit de la Bibliothèque de Soissons, par M. Anatole de Montaiglon. In-18 jésus de 20 p., 210 ex. 2 »
7. *Les Noms des Curieux de Paris*, avec leur adresse et la qualité de leur curiosité. 1673. Publié par Louis Lacour. In-18 raisin de 12 pages, 140 exemplaires 1 50
8. *Les Deux Testaments de Villon*, suivis du *Bancquet du Boys*, publiés par M. Paul Lacroix. In-8 tellière de 120 p., 220 exempl. 7 »
9. *Les Chapeaux de castor.* Un paragraphe de leur histoire. 1634. Publié par Louis Lacour. In-18 raisin de 8 p., 200 exemplaires . . . . 1 »

10. *Le Congrès des Femmes*, par Érasme, traduction nouvelle par M. Victor Develay. In-32 carré de 32 p., 312 ex. . 1 »
11. *La Fille ennemie du mariage et repentante*, par Érasme, traduction nouvelle, par M. Victor Develay. In-32 carré de 64 p., 312 exempl. . . . . 2 »
12. *Saint Bernard*. Traité de l'Amour de Dieu, par P. Jannet. In-8 tellière de 140 p., 313 ex. . . . . 5 »
13. *Œuvres de Regnier*, reproduction textuelle des premières éditions. Préface et notes par Louis Lacour. In-8 carré de 525 p., 356 exempl. . . . . 20 »
14. *Le Mariage*, par Érasme, traduction nouvelle par M. Victor Develay. In-32 carré de 64 p., 312 exempl. . . . . . . 2 »
15. *Le Comte de Clermont*, sa cour et ses maîtresses, par M. Jules Cousin. In-18 jésus, 2 vol. de 432 pages., 412 exemplaires. . . . . 10 »
16. *La Sorbonne et les Gazetiers*, par M. Jules Janin. In-32 carré de 64 p., 312 exempl . . . . 2 »
17. *L'Empirique*, pamphlet historique, 1624, réédité par Louis Lacour. In-18 jésus de 20 p., 200 exempl. . . 2 »
18. *La Princesse de Guéménée dans le bain et le Duc de Choiseul*. Conversation rééditée par Louis Lacour. In-18 jésus de 16 p., 200 exempl. . . . . 2 »
19. *Les Précieuses ridicules*, comédie de I. B. P. Moliere. Reproduction textuelle de la première édition. Notes par Louis Lacour. In-18 raisin de 108 p., 422 exempl. 5 »
20. *Les Rabelais de Huet*. In-16 de 68 p., 260 ex. . . 3 »
21. *Description naïve et sensible de sainte Cécile d'Alby*. Nouvelle édition, publiée par M. d'Auriac. In-16 de 64 pages, 260 exemplaires. . . . . 5 »
22. *Apocoloquintose*, facétie sur la mort de l'empereur Claude, par Sénèque. traduction nouvelle par M. Victor Develay. In-32 carré de 64 p., 512 ex. . . . . 2 »
23 *Aline*, reine de Golconde, par Boufflers. Nouvelle édition, publiée par M. Victor Develay. In-32 carré de 64 pages, 215 exempl. . . . . 2 »
24. *Projet pour multiplier les Colléges des Filles*, par l'abbé de Saint Pierre Nouvelle édition publiée par M. Victor Develay. In-32 carré de 40 p., 312 exemplaires. . . . . 1 »
25. *Le Jeune Homme et la Fille de joie*, par Érasme, traduction nouvelle par M. Victor Develay. In-32 carré de 32 p., 312 exemplaires. . . . . 1 »

26. *Le Comte de Clermont et sa cour*, par M. Sainte-Beuve, de l'Académie française. In-18 jésus de 88 p., 412 exemplaires . . . . 3 »
27. *Le Grand écuyer et la Grande écurie*, par Ed. de Barthélemy. In-18. . . . . 6 »
28. *Les Bains de Bade au XVe siècle*, par Ant. Méray. In-16 de 48 p., 420 exemplaires . . . . 3 »
29. *Éloge de Gresset*, par Robespierre, publié par D. Jouaust. In-8º de 64 p., 100 exemplaires . . . . 5 »
30. *Amadis de Gaule* (La Bibliothèque de don Quichotte), par Alphonse Pagès. In-18 raisin de 174 p., 412 ex. . . 5 »
31. *Réflexions ou Sentences et Maximes morales de La Rochefoucauld*. Reproduction textuelle de l'édition originale de 1678. Préface par Louis Lacour. In-8 carré de 262 p., 525 ex . . . . 20 »
32. *Essai sur l'Histoire de la réunion du Dauphiné à la France*, par J. J. Guiffrey. Ouvrage couronné par l'Académie des inscriptions et belles lettres. In-8 carré de 396 p., 525 exemplaires. . . . . 15 »
33. *Distiques moraux de Caton*. Traduction nouvelle par M. Victor Develay. In-32 carré de 80 p., 1 grav., 512 ex. . . . 2 »
34. *Une Préface aux Annales de Tacite*, par Senac de Meilhan, publ. par Sainte-Beuve. In-16 de 60 p., 420 ex . . 3 50
35. *La Louange des Vieux Soudards*, par Louis Lacour. In-32 carré de 64 pages, 300 exemplaires. . . . . 22 »
36. *Académie des Bibliophiles*. Livret annuel. Première année 1866-1867. In-8 carré de 16 p., 150 exempl. . . . 5 »
37. *Le Bréviaire du roi de Prusse*, par M. Jules Janin. In-32 carré de 72 p., 300 exemplaires. . . . . 2 »
38. *L'Oublieux*, comédie en 3 actes de Charles Perrault, de l'Académie françoise, auteur des *Contes de Fées*, publiée pour la première fois par M. Hippolyte Lucas. In-18 raisin, une gravure, 132 p., 350 ex. . . . . 3 »
39. *Secrets magiques pour l'amour*, au nombre de octante et trois, publiés d'après un manuscrit de la bibliothèque de Paulmy, par P. J , bibliomane. In-18 raisin, 400 ex. . 5 »
40. *Le Talmud*, étude par M. Deutsch, traduit de l'anglais sous les yeux de l'auteur. Petit in-4 carré, fabriqué à Londres, 200 exemplaires . . . . 5 »
41. *Ligier Richier*, par Auguste Lepage. In-16, 36 p, 260 exemplaires. 2 »

42. *Catalogue d'un libraire du XVᵉ siècle tenant boutique à Tours*, publié par le docteur A. Chereau. In-16, 36 p., 300 ex. . . . . 3 »
43. *Rabelais*, publié par MM. A. de Montaiglon et Louis Lacour. 3 vol. in-8. 60 »
    (Les deux premiers volumes sont en vente.)
44. *Les Antiquitez de Castres*, de Pierre Borel, publiées par M. Ch. Pradel. In-18 Jésus, 288 p. . . . . 10 »
45. *Les Satires du sieur N. Boileau Despréaux*, publiées par P. de Marescot. In-8 de 204 pages, 300 exempl. . . 10 »
46. *Mémoires d'Audiger, limonadier à Paris*, XVIIᵉ siècle. Recueillis par M. Louis Lacour. In-16 de 48 p., 420 ex. 3 »
47. *Le Duc d'Antin et Louis XIV*, Rapports sur l'administration des bâtiments, annotés par le Roi. Publiés par J. J. Guiffrey. In-12 de 32 p., 230 ex. . . . . 3 »
48. *La Vache à Colas*, de Sedege, publiée par M. Vasse. In-8 tellière de 114 p., 520 ex. . . . . 5 »
49. *Lettres inédites*, de L.-P. d'Hozier et de J. du Castre d'Auvigny, *sur l'Armorial et l'Hôtel Royal du Dépost de la Noblesse*, publ. par J. Silhol, avec notes, documents et fac-simile. In-8 tellière de 144 p., 502 ex. . . . . 6 »
50. *Le Chevalier de Sapinaud et les Chefs vendéens du Centre*, par M. le Comte de la Boutetière. In-8 raisin de 144 p., 300 ex. . . . . 8 »
51. *Les Luthiers italiens aux XVIIᵉ et XVIIIᵉ siècles*, par J. Gallay. In-18 jésus de 260 p., 500 ex. . . . . 5 »
52. *Mémoires et lettres de la Marquise de Courcelles*, publiés et annotés par C. H. de S. D. In-8 de 368 p., 432 ex. 12 »
53. *Lettres Persanes* de Montesquieu, publ. par L. Lacour et D. Jouaust. 1 vol. in-8 de 336 et xx p., 525 ex. . . 20 »
54. *La Prophécie du roy Charles VIII*, par Maître Guilloche, publ. par le Marquis de La Grange. In-8 tellière de 84 et LXIV p., 250 ex. 7 50
55. *Théâtre complet de Beaumarchais*, publ. par G. d'Heylli et F. de Marescot. Portrait gravé à l'eau-forte par Gilbert. 4 volumes in-8 à 12 fr. 50 c. . . . . 50 »
    (Le premier volume est en vente.)

www.ingramcontent.com/pod-product-compliance
Lightning Source LLC
Chambersburg PA
CBHW050323170426
43200CB00009BA/1436